KB239486

전도의 법

전도의 법

오오카와 류우호오 지음

가림출판사

©Ryuho Okawa 2017

Korean Translation ©Happy Science 2017

Original Japanese language edition published as

'Dendo No Ho'

by IRH Press Co., Ltd. in 2016

All Rights Reserved.

No part of this book may be reproduced in any form without the written

permission of the publisher.

지금 자신이 빛이 있을 때를 걷고 있다는 것을 자각할 수 있는 사람은 적다.

세상에는 수많은 재해나 불행이 가득 넘쳐났기 때문이다.

하지만 나는 그렇기 때문에 여러분에게 고한다.

'지금이 그때인 것이다'라고.

인류가 고뇌의 밑바닥에서 헐떡일 때

신도 또한 거기에 임재臨在한다.

확실히 여기에 ≪전도의 법≫은 설해졌다.

그것은 '구제의 법'임과 동시에

'사랑의 법'이며

'용서의 법'이요

'진실의 법'이기도 하다.

여기에 의문에 대한 답이 있다.

불가지론不可知論의 산에

하나의 터널을 뚫도록 하라.

2016년 12월

행복의 과학 그룹 창시자 겸 총재 오오카와 류우호오

CONTENTS

제1장

마음의 시대를 산다

인생을 황금으로 바꾸는 '마음의 힘'

01
마음이란 무엇인가를
알 수 없게 된 현대사회

'마음이란 뇌의 일부다'라고 하는 현대의 상식

본 장에서는 '마음의 시대를 산다'라는 일반인들이 이해하기 쉬운 표제를 붙여 보았습니다. 불법진리를 처음으로 접하는 분에게는 '마음의 이야기'를 하는 편이 알기 쉬울 것이라고 생각되기 때문입니다.

역시 종교의 사명으로서 제1단계는 이 부분이며 '마음의 이야기'가 통할 수 있도록 하는 데에서부터 시작하지 않으면 안 될 것입니다. '어려운 이야기는 여러 가지 있겠지만 거기까지는 아직은 이해가 어렵다'라는 사람이 많은 것이 아닐까 생각됩니다.

다만 텔레비전에서 방영되는 드라마 등을 보면 '마음이란 뇌의 일부다'라는 말을 자연스럽게 하고 있으므로 그것이 상식이 되어

가고 있는 것일지도 모르겠습니다.

이렇게 되면 의학도 좋은 것인지 나쁜 것인지 알 수 없다는 생각이 듭니다. 인간을 진찰하는 동안에도 컴퓨터를 만지는 것처럼 보이는 것은, 마치 그렇게 하면서 '이 부분이 마음이다' 라고 말하는 것과 같습니다.

확실히 뇌가 망가지면 기능이 상실되므로 그런 식으로 보이는지도 모르겠습니다만, 이것은 '인간의 기계설'입니다. 그런데 이런 일이 제법 태연히 자행되고 있습니다.

또 분해하고 분석하는 식의 견해로 본다면, 전극을 켜거나 전기 충격을 주면서 '여기를 누르면 무엇이 나올 것인가'를 조사하고, '이 경우에는 이렇게 된다'라는 식으로 말하는 셈입니다.

하지만 우리는 아무리 해도 그렇게는 보이지 않습니다. 만일 그렇게 보이기 시작했다면 여러 가지 것이 뒤집혀지고 있는 것이라고 생각됩니다.

요컨대 학문도, 실제의 일도, '뒤집힌 세계'를 보고 있는 것이 아니겠습니까?

고도의 학문을 공부하는 동안에 '마음은 머리의 이 근처에 있다'라고 느낀다면, 여기에는 뭔가의 잘못이 있다고 봅니다. 대단히 유감스러워서 견딜 수 없습니다. 공부를 너무 많이 한 사람이 '마음이라고 하는 것은 머리의 일부분에 있어서, 컨트롤을 하고 판단을 하고 있다'라고 생각한다면 역시 이상한 일입니다.

혹은 "'마음은 가슴 부근에 있다', '좀 더 아래인 배 쪽에 있다' 등으로 느끼는 사람이 '고대인처럼 보인다'"면 뭔가가 도착倒錯하고 있다고 생각됩니다.

즉, 마음에 울리는 것이 무엇인지를 모르는 시대에 들어 왔을 가능성이 있는 셈입니다.

학문의 세계에 흐르는 '오염수' 같은 정체

그 의미에서는 대단히 기본적이고 초보적입니다만, 여기는 종교로서의 '최초의 싸움'의 부분이라고 생각합니다.

만일 '마음 따윈 없다'라고 딱 잘라 말한다면 종교로서는 '열 수 있는 문이 없다'는 상태에 가까워질 것입니다.

'인간에게는 마음 따윈 없다. 무슨 말을 하는 거냐? 뇌의 작용이 아니냐? 저건 신경 작용이다. 그런 것은 뇌 부근에 전기작용과 같은 것이 작용해서 그런 식으로 느낄 뿐이다'라고 스스로 말하는 사람들을 설득하여, 그 후의 세계에 대해 설명하기는 정말 어렵다고 느낍니다.

어쨌든 '머리가 좋다'고 하는 사람들이 점점 그렇게 되는 셈이어서, 불교식으로 표현한다면 이것은 '사견邪見', 혹은 '악견惡見'이라고 하는 말이 될 것입니다. 요컨대 정당한 견해, 올바른 견해(정견正見)와는 다른 반대 견해에 물들어 있는 셈입니다.

'그러한 견해가 정통파 학문이다'라고 굳어져 있다면 커다란 잘못이라고 할 수 있습니다.

특히 일본 교육으로서는 '문부성文部省'과 '과학기술청'이 합체되어 '문부과학성'이 되었기 때문에 모든 학문에 대하여 과학적인 견해로 보게 되지 않을 수 없습니다. 그 경우 소위 정견, 올바른 진리에 근거한 견해를 가질 수 없게 될 가능성이 있습니다.

예를 들면 역사나 종교에 대해서 '고고학적인 뒷받침이 없는 것은 진실이 아니다'라는 식으로 된다면 '진무 천황神武天皇(일본의 초대初代 천황) 등은 단순한 전설이다'라는 식으로 될지도 모릅니다. 혹은 '쇼토쿠 태자聖德太子는 없었다'라고 하는 사람도 있습니다. 고고학적인 증거에서는 그만큼이나 간단히 발견되지 않기 때문입니다.

하지만 쇼토쿠 태자에 대해서는 본인이 번역했다고 여겨지는 서적까지 있으며, 그것 외에도 그와 싸웠던 상대도 있거니와 계도系圖도 남아 있습니다. 부인의 이름부터 아이의 이름까지 전부 나와 있습니다만, 그런 사람에 대해서까지 '이것은 만들어진 인물이지, 역사상 존재한 사람이 아니다' 따위로 말하는 학자가 나타나는 것입니다.

　그 의미에서는 학문에 상당히 '오염'이 생겨나고 있는 것입니다. 그리고 거기에 흐르는 '오염수'는 기본적으로 마음이나 혼, 혹은 저 세상의 세계로 이어지는 사고방식을 부정하게 될 것으로 생각합니다. 이것을 돌파하지 않으면 안됩니다.

　역시 신자 여러분도 전도 활동에서 마음의 존재를 상대에게 전할 때 극히 어려운 상황을 겪고 계실 것입니다.

　예를 들면 '마음은 존재하지 않는다'라든지 '컴퓨터처럼 키보드를 두드리기만 하면 여러 가지로 바뀌는 것이 마음이다' 등으로 생각하는 사람에게는 감정적인 선악 문제 등은 존재하지 않는 것과 마찬가지인 셈입니다. 요컨대 '조정하면 그렇게 될 뿐이다'라고 생각하는 것입니다.

　확실히 '소금을 핥으면 짜게 느껴지고, 설탕을 핥으면 달게 느껴진다'라는 면은 있습니다. 하지만 인간의 정신작용은 그렇게 단순한 것은 아닐 것입니다. 같은 것을 보아도 사람에 따라 다르게 느낄 수는 있습니다.

02
마음의 힘으로 바꿀 수 있는
과거·현재·미래

자신의 마음을 바꿈으로써 미래를 바꿀 수 있다

또 인간은 '생각하는 힘'에 의해 여러 가지 것을 바꾸어 갈 수 있는 존재이기도 합니다. 이것은 '사고방식 나름'이라는 것이기도 합니다.

예를 들면 인간의 눈에는 수정체라고 하는 렌즈에 해당하는 것이 있어서, 이것을 조절하여 초점을 맞춥니다. 그런데 그것을 '불수의근不隨意筋'이라고 해서 자유의지를 가지고서는 움직일 수 없는 근육으로 행하기 때문에, 일단 눈이 나빠졌을 경우, 이제 낫지 않는다고 간주되는 셈입니다. 요컨대 콘택트렌즈를 넣거나 안경을 끼어서 인공적으로 빛의 굴절률을 바꾸지 않는 한, 초점이 맞지 않고 글자를 읽지 못한다는 식으로 말해지고 있습니다.

대체로 이러한 생각이 만연하고 있는 것이 아니겠습니까?

그런데 나처럼 나 자신의 '생각의 힘'으로 수정체나 불수의근을 '만지는' 사람이 나타나면 이야기가 달라집니다. '그렇습니까? 그럼 원상태로 좀 돌리지 않으면 안되겠다. 돌아가라, 돌아라가, 돌아가라, 돌아가라'라고 말하고 있으면, 1주일 정도 지나면 그전 상태로 돌아오는 유형입니다. 마치 도마뱀의 꼬리가 재생하는 것과 같습니다만, 그러한 '재생력'이 있는 인간이 나타나면 이야기는 달라질 것입니다.

실제로 '나 자신의 몸으로 자유롭게 할 수 없는 곳이 있을 리가 없다. 빠르고 늦다는 차이는 있다고 해도, 본인이 지배자이니까 나 자신의 몸의 일부를 이렇게 바꾸고 싶다고 생각하면 그 생각대로 될 것임이 틀림없다'라고 생각함으로써 눈이 낫는 사람도 있습니다. 상식에 얽매인 사람은 상당히 놀라겠지만 실제로 그런 일이 있습니다.

따라서 잘 주의하지 않으면 안됩니다. 실은 '진실이 그렇게 되어 있다'라는 것이 아니라 '그렇게 철저히 배워서 굳게 믿었기 때문에 그렇게 되어 있다'라는 면이 다양한 현상으로서 일어나고 있는 것입니다.

하지만 인간에게는 자기 자신을 바꾸어 가는 힘이 있습니다. 물론 육체도 바뀝니다만, 자신의 마음을 바꿈으로써 여러 가지 것이 바뀌어 갑니다. 즉, '인생이 바뀌어 가고, 인간관계가 바뀌어 가고, 미래가 바뀌어 간다'라는 일이 일어나는 것입니다.

그런 의미에서는 타인으로부터 단정적으로 '이제 너는 끝장난 것이다. 안돼' 등의 말을 듣고 '그렇다'라고 생각해서는 안됩니다. 낙인이 찍힌 것처럼 '나는 이런 인간이다'라고 깊이 생각해서는 안됩니다.

예를 들면 '나는 가난한 사람이다'라는 인식에 대해 '가난하게 사는 것이 보통이다'라고 생각하는 사람은, 그 이상 나아지지 않습니다.

하지만 '어떤 사람한테도 기회는 있다'라고 생각하는 사람은 다릅니다.

역시 '일에서 성공하기 위해서는 방법이 있을 것이다. 예를 들면 야구에서 성공한 사람을 잘 관찰하면, 지금까지 칠 수 없었던 공을 칠 수 있게 될지도 모른다. 그와 같이 돈벌이가 능숙한 사람을 잘 관찰하면 뭔가 비결이 있을 것이다. 내 주변에 있는 부자를 보고 그 사람과 자기와의 차이를 관찰하자. 그리고 차이를 알았다면 그 가운데에서 좋은 면은 흉내를 내보자'라고 생각하는 것이 중요합니다.

또 '흉내를 내면, 5년, 10년이 지나는 동안에 어느새 나도 똑같은 상태가 되어 있었다'라는 일이 실제로 있습니다. 이와 같이 인생은 바꾸어 갈 수 있는 것입니다.

과거로 거슬러 올라가서 인생을 황금빛으로 바꾼 마쓰시타 고노스케 씨

한편, 나도 지금까지는 '기본적으로 과거는 바꿀 수 없다. 끝난 역사적 사실은 바꿀 수 없지만 미래는 바꿀 수 있다'라고 설해 왔습니다. 확실히 일반적인 생각으로 '과거는 바꿀 수 없지만 미래는 바꿀 수 있다'라는 말은 맞을 것입니다.

하지만 종교적으로는 한 단계 더 발전할 여지가 있어서, 실은 과거라고 해도 바꿀 수 있습니다. 과거는 바꿀 수 있는 것입니다.

예를 들면 나의 차남 오오카와 마사키大川真輝가 ≪오오카와 류우호오 명언집名言輯 '창조적'인 모습이 되고 싶은 '당신'에게 보내는 123의 금언≫ (오오카와 마사키 지음, 행복의 과학 출판 간행)의 강의를 요코하마 정심관에서 했을 때, 다음과 같은 이야기를 하고 있었습니다.

'성공한 사람은 대부분 젊었을 때 많은 고생을 하거나, 실패를 했습니다. 그런데 공통적으로 자신이 크게 성공했을 때, 자기의 비참했었던 과거에 대해 그 덕택에 나는 성공할 수 있었다고 말

을 합니다. 신기합니다만, 대단한 성공을 이룬 사람들은 전부 그렇게 이야기를 합니다.'

하지만 거기에는 이유가 있습니다.

다른 사람보다 약간만 더 성공한다든가, 조금만 출세한 정도를 가지고는 과거의 모습까지 바뀌어 보이는 일은 없습니다만, 인생이 근본적으로 달라진 것처럼 크게 성공을 향한 길에 들어갔을 경우, 과거도 모두 미화되는 것입니다.

마쓰시타 고노스케 씨(마쓰시타 전기 창시자)도 어렸을 때 고생을 했습니다. 아버지가 투기에 실패하여 초등학교도 졸업할 수 없게 되어, 도제徒弟 살이를 하러 오사카에 가게 되었습니다. 학교도 갈 수 없을 정도로 고생을 했는데, 여러 가지로 혹사당하고 잡일을 하면서까지 자신의 회사를 만들어 갔던 것입니다. 그리하여 3명 정도로 시작한 회사가 드디어 몇십만 명이나 고용할 정도로 규모가 커져 세계 여러 곳에 공장을 세우는 상태까지 되었습니다.

그러자 이번에는 '내가 훌륭해진 것은 배움이 짧았기 때문입니다'라는 식의 말을, 그는 태연하게 하는 것입니다.

이런 말은 보통사람 같으면 하기 힘들 것입니다. 약간만 성공한 정도를 가지고는 다른 사람에게 말할 수 없습니다. 예를 들면 '초등학교 중퇴지만 드디어 대졸인 사람과 같은 정도의 수입이 되었다'라는 정도의 사람이어서는 이런 말은 할 수 없습니다. 그 정도의 성공으로 '나는 초등학교를 중퇴했기 때문에 성공했습니다'라고 말하기는 어렵다고 봅니다.

그런데 그는 초등학교 중퇴임에도 불구하고 대졸이나 대학원 졸업인 사람을 채용해서 급여나 상여금을 주는 입장이 되었으니 어떻겠습니까? 역시 세계적으로도 유명해져서 'TIME'지 표지까지 장식하면 달라지는 셈입니다.

'나는 초등학교를 중퇴하여 학력이 짧았기 때문에 성공할 수 있었던 것입니다'.

'공부하지 않아서 잘 모르기 때문에, 모르는 것은 다른 사람에게 묻고, 저보다 머리가 좋은 사람을 채용하려고 했습니다. 그리고 머리가 좋은 사람을 점점 더 많이 등용해서 능력을 끌어내면서 해왔더니 이렇게 성공한 것입니다.'

'나는 병약해서 쉬는 날이 많아지니까, 내가 쉬어도 일이 돌아가도록 다른 사람에게 맡겨서 사업부제事業部制로 했더니 발전했습니다. 경영자의 능력이 많이 커져서 성공했습니다.'

이러한 마쓰시타 고노스케 씨의 말을 통해서 알 수 있듯이, 현재가 좋아질 뿐만 아니라 과거까지도 모든 것이 바뀌게 되는 것입니다.

쥐의 캐릭터로 크게 성공한 월트 디즈니

월트 디즈니와 같은 분도, 지금과 같이 크게 성공하여 '세계적인 디즈니'가 되었고, 디즈니를 모르는 사람은 아마 없을 것입니다. 가전제품이 들어가지 않은 나라나 오지 같은 지역에서는 모르는 사람이 있을지도 모르겠습니다만, 웬만해서 가전제품이 들어간 곳이라면 디즈니에 대해서는 알고 있을 것입니다.

그런데 그는 '젊었을 때 너무 가난해서 고물같은 맨션에 살고 있었는데 구멍에서 쥐가 마음대로 드나들 정도였다. 그는 그 쥐를 지긋이 바라보면서 이것을 캐릭터로 하면 어떻게 될까라고 생각하기 시작하여 미키 마우스를 생각해 내면서 큰 부자가 되었다'라는 전설적인 이야기가 있습니다.

하지만 보통 사람 같으면 생각해 냈다고 해도, '친근한 느낌을 주는 캐릭터' 정도가 아니겠습니까? '쥐를 가지고 친근한 느낌을 주는 캐릭터를 만들어 팔아서 돈을 벌었습니다'라는 정도라면, 아무나 장사를 해도 그런 일이 있을지 모르겠습니다.

다만 '자신의 가게에서, 세계 최초로 쥐의 캐릭터 상품을 팔고 흑자가 되어 돈을 벌었습니다. 그리고 생활이 편해졌습니다'라는 정도의 수준이어서는 모든 것이 황금빛으로 반짝이는 일은 없을 것입니다.

역시 사업이 커져서 디즈니랜드와 같은 것이 많이 만들어지고, 매년 몇천만 명이나 되는 대규모의 사람들을 동원할 수 있게 되고, 관련 사업도 차례로 증가하여 세계 각지에 퍼져 가게 되었다면 달라집니다. 이번에는 그 '가난해서 고물같은 맨션에 살면서, 쥐와 친구였다'라는 것이 모든 성공의 근원으로 보이게 되는 것입니다.

물론, 일반적인 사람이라면 쥐가 드나들 정도의 가난한 집에 살고 있으면 그렇게 되지 않을 것입니다. 예를 들면, 사법시험에 합격하지 못하고 사법유급을 한 사람이 대학을 졸업해도 합격하지 못하고, 30세가 되도록 '또 떨어졌다, 또 떨어졌다'라고 하는 사람의 경우, 쥐가 드나들고 있으면 아마도 '이 쥐한테 방해를 받아 공부에 집중할 수 없었기 때문에 올해도 또 떨어지고 말았다. 이 쥐 때문에 아무리 해도 합격하지 못한다'라는 말을 하게 될 것입니다. 그와 같이 같은 조건이라도 달라지는 것입니다.

어쨌든 보통 상황을 훨씬 넘어서 크게 성공했을 경우에는, 과거로 거슬러 올라가서까지 모든 경험이 '빛'이 되는 일이 있습니다. 예를 들면, 히로시마의 원폭으로 친족을 잃은 분이어도, 크게 성공을 하면 '덕분에 나는 아주 열심히 노력하게 되었다'라는 식으로 모든 것이 달라질 것입니다. 혹은, 동일본 대지진으로 친족을 잃은 분이어도, 그 경험을 자신이 성공한 원인으로서 생각할 수 있게 되는 것입니다.

　그런 의미에서, 과거도 현재도 미래도, 실은 바꿀 수 있습니다. 요컨대 인간은 자신이 마음먹은 생각의 힘으로, 생각하는 힘으로 모든 것을 바꾸어 갈 수 있는 것입니다.

03
마음의 조정법을 모르는 현대인에게
전하고 싶은 것

마음을 인정하지 않는 것은 핸들이 없는 차를 타는 것과 같은 일

실제로 마음이라는 것이 실체實體로서 있고, 이 마음의 모습이 자신의 인생을 바꾸고 미래를 열어 갑니다. 그리고 그 사실을 안 사람에게는 마치 차 핸들 조작을 익힌 사람이 길을 자유롭게 달릴 수 있게 되는 것과 같은 일이 일어나는 셈입니다.

반대로 말하면 '마음이 없다'고 생각하는 사람은 핸들이 있는 것을 모르고 차를 탄 것과 같다고 할 수 있을 것입니다.

하지만 액셀과 브레이크만 있고 핸들이 없는 차를 타게 된다면 두려워 견딜 수 없을 것입니다. 액셀을 밟으면 앞으로는 나아 갑니다만, 그대로 가면 어딘가에 충돌하고 말 것이고, 브레이크를 밟아도 멈출 뿐입니다. 이것 밖에 없다면 기본적으로 운전을 할 수 없습니다. 곧은 도로를 계속해서 달리는 것 이외에 방법은 없는 셈입니다.

하지만 자기 앞에도 뒤에도 차가 있는 가운데, 액셀과 브레이크밖에 없는 차로 곧게 계속 달리는 것은 '공포'일 것입니다. 나도 할 수 있으면 피하고 싶습니다.

역시 액셀과 브레이크는 필요하다고 해도, 핸들이 있기 때문에 운전을 할 수 있게 되는 것입니다.

그런데 이 핸들 부분을 '없다'고 생각하는 사람이 있습니다. 혹은 '핸들을 움직일 수 있는 것은 자기 자신이다'라는 것을 모르는 사람이 있습니다.

그 때문에 '당신의 생각으로 지금 그렇게 되어 있는 것입니다'라는 말을 들어도 그것을 알아차리지 못합니다. '당신이 핸들을 오른쪽으로 꺾으면 차는 오른쪽으로 돌고, 왼쪽으로 꺾으면 왼쪽으로 돌고, 곧게 하면 직진하는 것입니다. 중도中道라는 것은 곧게 달리는 것을 말합니다. 임시로 핸들을 오른쪽으로 돌려도 왼쪽으로 돌려도, 쉽게 뭔가에 충돌할 것입니다. 어느 쪽이라도 좋습니다만, 죽으려고 생각한다면 바로 죽고 말 것입니다'라고 말해도 알아듣지 못합니다.

다만, 실제는 그와 같으며, 인간은 죽으려고 생각하면 간단히 죽을 수 있습니다. 예를 들면 햄버거만을 사시사철 계속 먹으면 몸이 망가져서 죽게 될 것입니다. 혹은, 스테이크라도 같은 상황일 것입니다. 관계자가 있으면 이해해 주셨으면 합니다만, 비록 그 가게 분이어도 매일 스테이크나 햄버거 만을 먹을 수 없는 것이 아니겠습니까? 그것은 정말로 계속할 수 없을 것입니다. 쇠고기덮밥(규동) 집에서 일하고 있다고 해서 세 끼를 다 쇠고기덮밥을 먹고 있으면 역시 어디선가 병이 생길 것입니다. 그런 것입니다.

어쨌든 비유해서 말한다면 '핸들과 액셀과 브레이크가 있어서, 자기라고 하는 차를 운전하고 지내는 것이다. 물론, 휘발유 등의 연료를 넣는 부분도 있고, 공기조절 등의 기능도 붙었지만, 기본적으로는 그런 식이다. 그리고 운전하는 인간이 혼魂이라고 불리는 부분이며, 차체의 부분, 타는 자동차 자체는 육체다. 이 육체 부분에 혼이 깃든 것이며, 이것이 차를 운전하는 인간에 해당한다'라는 것이 됩니다.

게다가 인간의 혼 가운데에서 특히 생각하거나, 판단하거나 하는 것이 소위 '마음'이라는 중요한 부분입니다. 이러한 인생관이 중요합니다.

내가 수많은 영언이나 가르침을 계속해서 설하는 이유

그런데, 그런 것을 모르는 사람은 '오토매틱 자동차가 인공지능을 탑재하여 멋대로 움직이고 있다'라고 생각하는지도 모르겠습니다. 혹은, 원격조작을 할 수 있어서 자기가 그 원격조작을 하는 것처럼 생각하는 경우도 있을 것입니다. 혹은, '입력된 정보에 근거해서 목적지까지 움직이는 자동차의 그 기계 부분이 자기다'라고 생각하는 사람이 많습니다.

하지만 이것은 현대교육에 의해 생긴 잘못에 다름 아닙니다. 이러한 사고방식을 바꾸는 쪽이 행복해질 수 있습니다.

어느 쪽의 선택도 할 수 있습니다만, 자기 자신이 '행복해질 것인가, 불행해질 것인가'의 결정권을 가지고 있다면 '자신에게 좋은 쪽을 선택하는 것이 좋다'라고 말하는 것입니다.

'저 세상 따위라고 해도, 거기에 가서 돌아온 사람은 없지 않습니까? 그것을 믿다니 바보가 따로 없다'고 말하는 사람도 있을지 모르겠습니다만, 그럴 리는 없습니다.

나도 매년 저 세상의 영인靈人으로부터 받은 말과 사상을 많이 소개하고 있습니다. 게다가 그 수록 영상을 상영하고 있습니다만, 나는 만담가漫談家가 아니므로 연기를 해서 그렇게 계속 해올 수 있는 것은 아닙니다.

또 과거의 일이라고는 해도, 나는 도쿄대학 법학과를 나왔으며, 굳이 사기꾼과 같은 짓을 하지 않으면 안될 이유는 없는 것입니다. 지금 말하는 대학입시 정도라면 간단하게 풀 수 있는 실력이 있고, 어떤 분야에서도 착실히 살아갈 수 있는 자격이나 재능도 충분하다고 생각하고 있습니다.

그러한 인간이 '이것은 중요하다'라고 생각하고 그 때까지의 일도 그만두고, 지금 가르침을 설하고 있는 것입니다.

따라서 사람을 속이지 않으면 안될 이유 따위는 나에게 아무것도 없습니다. 그래도 그러한 루트를 그만두면서까지도 '이것을 설하지 않으면 안된다'라고 생각한 것은 '많은 사람들이 잘못된 길을 걷고 있어서 헤매고 있기 때문에 이 사람들을 구해내지 않으면 안된다'고 생각했기 때문입니다.

그것을 위해 지금 가르치고 있는 것입니다. 그리고 책을 내는 것입니다.

설한 가르침이 모두 기록으로 남아 있는 행복의 과학

개중에는 사람을 의심하는 사람도 있겠지만, 내 경우 스스로가 하려고 생각해서 한다기보다도 정말 천명으로서 이 길에 들어왔습니다.

새로운 종교 속에는 소위 사기, 속임수와 같은 종류도 많이 있을 것입니다. 다만, 그런 곳은 별로 커지지 않고, 작은 교단일 경우가 많은 것 같습니다. 일부에는 조직적인 지능 그룹과 같은 곳도 있겠지만, 오랫동안 행하게 되면 역시 평판이나 사람들의 신용 등을 통해서 여러 가지로 밝혀지는 면도 있는 것이 아닐까 생각하고 있습니다.

내 설법은 책으로서 낼 뿐만 아니라 CD나 DVD 등으로도 내놓고 있으며, 모두 기록으로 남아 있으므로 아무 것도 숨기지 않았습니다. 책으로 낼 때에는 문장이 깔끔해지도록 '조사助詞' 등의 수정을 한 정도이며, 기본적으로는 모두 남아 있습니다. 행복의 과학 제1회 좌담회(1986년 11월 23일 '행복의 과학 발족에 즈음하여')에서부터 지금까지의 기록이 남아 있으므로 속임수는 일절 없습니다. 증거가 있습니다.

다른 교단처럼 다른 사람에게 여러 가지로 쓰게 하거나 하는 일도 없고, 실제 체험한 것, 스스로 생각한 것을 썼습니다.

이 실제 체험에 대해서도, 옛날의 에도 시대江戸時代 무렵이라면 농가의 아주머니 등에게 돌연 영의 목소리가 들려와서 '하느님이 내려 왔다'라고 하는 모습이 흔히 있는 패턴이지만, 내 경우는, 일단 이 세상의 학문을 제대로 한 다음에 '이것은 확실히 있다'라고 이성과 지성을 가지고 판단하여 발간한 것입니다.

'행복의 과학에서 나온 것은 대단히 지성적이고, 논리적이고, 합리적이다'라고도 말해집니다. 그 의미에서는 행복의 과학에는 이공계 분들도 많이 와 있고, 사회적으로 지성이 있는 분도 많이 모여들고 있습니다.

그뿐 아니라, 경영자가 텍스트로 사용하는 경우도 많습니다. 경영 자체에 대해서도 가르치는 것과 동시에, 인간의 마음의 모습에 대해서 설하고 있습니다. 이 '인간학'의 근본 부분을 가르치는 것이 도움이 되고 있는 셈입니다.

끝까지 사는 인생이라는 진실을 안다

따라서 '마음 따윈 없다'라고 하는 사람에 대해서는 "그렇지 않습니다. 그렇게 생각하는 것은 당신의 자유입니다만, 그것은 자기를 기계의 일부처럼 생각하는 것이며, 대단히 비하한 자기 상입니다. '인간의 몸은 기계와 같은 것이며 마음은 그 가운데의 어딘가에서 움직이는 부분일 것이다'라고 생각하는 그런 인생관으로 살아도 정말 좋습니까"라고 부디 끈기 있게 전해주시면 좋겠습니다.

현대에는 '죽으면 이제 뭐든지 다 끝이다. 그 다음은 시체를 불태워 재로 만들어서 내버려도 좋고, 바다에 뿌려 주어도 좋다. 알아서 해달라'라는 식으로, 이 세상만의 행복론幸福論으로 완결된 사람이 많이 있습니다.

내가 '마음'이라고 하는 것을 설하는 이유는 '인간의 본질은 끝까지 살아가는 것이다. 끝까지 사는 인생이다'라는 데에 있기 때문입니다.

"자기에게는 '태어나기 전의 과거'도 있었지만, '죽고 난 다음의 미래'도 있다. 그러한 '끝까지 사는 인생'이다"라는 것을 생각하지 않는다면, 이것이 정말일 경우에는 이것을 몰랐던 사람은 큰일납니다. 한편, 이 사실을 알고 인생을 산다면 역시 대단히 가치가 있는 인생을 살 수 있습니다. 이것은 중요한 점입니다.

마음의 존재에서부터 혼의 존재 쪽으로 생각이 이르지 못했던 사람은 '인생은 이 세상뿐이며 죽으면 끝이다'라고 생각하기 때문에 '남은 것은 상속세 대책과 남은 가족에 대한 처리만을 하면 끝'이라고 생각하는 것일지도 모르겠습니다만, 그것으로 '끝'은 아닙니다. 거기서부터 그 다음이, '새로운 시작'이 되는 셈입니다.

즉, '끝까지 사는 인생'인 것입니다.

인생 약 3만일, 이렇게 중요한 하루하루에 무엇을 할 것인가

우리가 살아 있는 시간은 2만일에서 3만일 정도입니다. 불과 그 정도입니다. 시간이 굉장히 많이 있는 줄로 생각했더니 그다지 없습니다. 3만일을 산다면 80세를 넘는 나이가 됩니다.

나도 이미 2만일 정도를 지나왔습니다. '앞으로 살아갈 날이 과연 며칠일까'라고 생각하고 지냅니다만, 2만 몇천 일 정도가 보통 사람에게 주어지는 인생인 것 같습니다. 3만일을 살기에는 좀처럼 넘기 힘든 게 우리 인생입니다. 그와 같이 하루하루가 사라져 가는 것입니다.

따라서 '이 하루하루에 무엇을 할 것인가'는 대단히 중요한 일입니다. 오늘 하루를 헛되지 않게 보내는 것은 대단히 중요한 일입니다.

나와 가까운 연령인 사람들은 이미 2만일은 사용했을 것입니다. 나보다 아직 젊은 사람도 있을 것이고, 더 나이가 든 사람도 있겠지만 '3만일은 좀처럼 넘을 수 없다'라고 생각하지 않으면 안 될 것입니다.

그렇다면 하루하루가 정말 중요해집니다. 매일을 소중히 하지 않으면 안되는 셈이며 '이 주어진 매일의 시간을 어떻게 끝까지 잘살 것인가'가 대단히 중요합니다.

  그런 의미에서는 철학이나 불교에서의 선禪과도 결론적으로는 흡사한 사고방식도 있을 것입니다. 그런 면도 있다고 생각합니다.

04
매일 자기 변혁을 하며 살아라

하늘을 날 수 없게 된 들오리의 이야기

100년보다 훨씬 이전의 사람이 됩니다만, 덴마크의 키에르케고르라고 하는 철학자는 이런 이야기를 소개했습니다.

그 나라의 어느 지방에는 매년 철새인 들오리가 날아오는 곳이 있어서, 친절한 노인이 사육을 하고 있었다고 합니다. 그런데 영양이 좋은 모이를 얻어먹을 수 있어서, 들오리들 중의 일부는 추워지면 남쪽으로 날아가는 습성을 잊어버리고 점점 살이 쪄서 날 수 없게 되었다고 합니다.

그런데 어느 날, 그 친절한 노인이 돌연 세상을 떠나 버렸습니다. 그래서 살찐 들오리들은 하늘을 날 수 없게 되었기 때문에 '큰일 났다. 어떻게 해야 할까'라는 심각한 상황이 되었던 것입니다. 그들은 이미 철새의 습성을 잃어버리고 말았습니다. 그리고 봄에 눈이 녹은 물이 홍수처럼 흘러 왔을 때, 물에 빠져서 죽었다는 것입니다.

들오리의 이야기를 소개한 실존주의 철학자 키에르케고르

참고로 이 이야기를 소개한 키에르케고르는, 살아 있었을 때에는 별로 유명하지 않아 무명에 가까웠습니다만, 후에 독일의 하이데거라고 하는 철학자가 유명하게 만들어 주었습니다. 철학에서는 소위 실존주의 철학의 시작이 됩니다.

키에르케고르는 집안의 식모였던 여성과의 사이에 태어난 아이였고 병도 가지고 있어서, 어떤 의미에서는 불행한 성장 과정이 있었다는 견해도 있습니다.

또 만년에는 ≪순간≫이라고 하는 제목으로 교회를 비판하는 책자를 만들고 있었습니다.

'너희들은 이제 너무 늦었다. 월요일부터 토요일까지, 매일 늘 찡거리며 타락한 삶을 살면서 일요일에만 교회에서 기도를 하거나 마음을 맑게 하면 좋은 곳으로 갈 수 있다고 생각하고 있다면 잘못되었다. 인간은 하루하루가 중요한 것이다. 월요일부터 토요일까지는 게으름을 피우면서, 일요일만 가지고 구제받을 수 있다고 생각하고 있는가'라는 형태로 교회를 비판하고 있었습니다.

그렇게 살던 어느 날, 노상에서 객사함으로써 비참하게 최후를 마쳤습니다.

이것이 실존주의 철학의 시작에 있었던 사람입니다만, 지금 말한 들오리의 이야기 등이 유명합니다.

'사육된 들오리가 되지 마라'라고 하는 IBM 정신

게다가 이 이야기를, IBM이라고 하는 큰 회사를 만든 토마스 왓슨 부자父子의 아들 쪽이 인용했습니다.

'사육된 들오리처럼 되지 마라. 사람들로부터 모이를 받아먹고 사는 동안에 날아갈 수 없게 되어서는 안된다'라는 식으로 야성의 모습을 잃지 않는 중요함을 IBM의 정신으로서 말했습니다.

요컨대 "현재 상태로 먹고 살 수 있기 때문에 이것으로 좋다'고 생각하는 삶을 살고 있으면 안된다. 언제 위기가 찾아올지 알 수 없고, 언제 망할지 알 수 없다. 그러므로 위기감을 가지고 살아라. 매일매일 진지하지 않으면 안되고, 창조적이지 않으면 안된다. 그러한 야성의 모습, 위기감을 가지고 나날을 꿋꿋하게 살지 않으면 안되는 것이다. '열심히 살지 않는다면 미래는 없다'"라는 말을 한 것입니다만, 지금 IBM은 세계적인 기업이 되었습니다.

나날이 정진하고, 자기 변혁하고, 과제에 도전하여 환경의 변화를 견딘다

이와 같은 사고방식은 여러분에게도 중요하다고 생각합니다. '지금 이 정도로 생활할 수 있으니까 괜찮다'라고 생각했더라도, 언제 그 생활이 무언가의 외부 사정, 예를 들면 경쟁 가게의 출현 등 다양한 상황에 의해 변할지는 알 수 없기 때문입니다. 또 대기업에서도 지금 상황이 점점 악화되면서 좋지 않은 상태로 되어가고 있습니다. 으뜸가는 제조업체였어도 망해가는 곳은 많이 있고, 실제로 망한 곳도 있습니다. 그 외에도 외국의 경쟁자가 나타나거나 국내 경쟁자에게 추월당할 수도 있을 것입니다.

지금 세계를 석권한 유니클로(퍼스트 리테일링)와 같은 곳도, 만일 1달러가 150엔이 되면 망할 것입니다. 이전에는 엔화가 비쌌으므로 외국에 많은 공장을 내도 싸게 만들 수 있었습니다만, 이것이 1달러가 150엔이 되면 망할 것입니다.

도요타와 같이 수출로 벌 수 있는 기업이라면, 환율이 1엔 싸지면 100억 엔 정도 돈을 버는 일도 있습니다만, 염가판매 가게 등은 망하기 시작합니다. 엔화가 비싸질 때의 대책으로서, 해외에서 현지 생산을 하도록 했던 곳은 망하게 되므로, 어떻게 될지 알 수 없는 면은 있습니다.

따라서 '들오리 정신'을 잊어서는 안됩니다. 여기가 대단히 무서운 곳이며, 그러한 위기감을 가지고 인생을 살지 않으면 안된다는 면에서는 같다고 봅니다.

역시 여러분도 언제나 그러한 마음을 잊어서는 안됩니다. '매일 정진하는 마음, 매일 자기 변혁을 하고, 새로운 과제에 도전하고, 환경의 변화를 견디내려고 하는 유전자'를 가지지 않는다면, 이미 개인으로서도 혹은 조직으로서도 살아남을 수 없게 되는 것입니다.

영원이라고 생각되어 왔던 종교의 세계가 직면하는 소멸 위기

'종교는 영원하다'라고 생각되고 있었어도 몇 가지 종교를 보면, 사라져 가고 있는 단체도 많이 있는 것 같습니다.

지금 행복의 과학에서는 내 설법을 전국 각지에서 위성중계하고 있습니다만, 중계지 부근에 있는 종교 가운데에는 '언제 행복의 과학에 의해 멸망당할지 알 수 없다'라고 생각해서 심리적 공포에 떠는 곳도 있을 것이고, 이미 '사라진 종교'도 있을 것입니다.

행복의 과학이 입종한 1980년대는 일본에서는 신흥종교가 많이 나온 시대였습니다. 70년대, 80년대 당시에는 수시로 종교가 나타나 경쟁자도 많이 있었습니다만, 지난 30년 간의 시간 속에서 상당히 많이 도태되어 사라져 갔습니다.

즉, 세간에서는 확실하게 평가하고 있지는 않지만, 역시 '남아서 커지는 곳'과 '사라져 가는 곳'이 나타나고 있는 것입니다. 그것은 엄한 일입니다만, 종교의 세계에서도 똑같습니다.

다만, 오래된 종교라고 해도 '지금 열심히 노력하지 않으면 좀처럼 살아갈 수 없다'라는 것을, 일단은 의식하는 것 같습니다.

예를 들면, 2차대전 후 70년에 앞서, 아사쿠사淺草의 히가시혼간지東本願寺(정토진종)와 같은 곳에서도, 와타나베 쇼이치渡部昇一 씨(일본의 저명한 평론가)를 불러서 입장료를 무료로 해서 강연을 개최하고 있었습니다.

실제로 신란親鸞 계통의 가르침으로 '2차대전 후 70년을 어떻게 평가하는가'라고 해도 전혀 알 수는 없을 것입니다. '아미타 님, 어떻게든 해주세요'라고 말하는 것 이외에는 방법이 없고, 자기들로서는 할 수 없기 때문인지, 평론가 등을 불러서 무료로 강연회를 열거나 하는 것입니다.

그런 점에서 행복의 과학은 스스로 여러 가지로 의견을 낼 수 있습니다.

'지금까지는 괜찮았다'라고 하는 안전신화의 재검토를

조금 전에 말한, 노인에게 모이를 받아먹고 살다가 날 수 없게 된 들오리의 이야기 등도 국가 체제에 관한 '우화'로서 적용할 수도 있을 것입니다.

"미국이라고 하는 '친절한 노인'이 영양이 있는 모이를 일본이라고 하는 '들오리'에게 열심히 주므로, 일본은 그것을 먹는 동안에 '이제 남쪽으로 건너가지 않아도 되는구나. 이대로 편안하게 겨울도 넘길 수 있을 것이다'라고 생각하고 있었다. 그런데 어느 날 갑자기 눈이 녹은 물이 흘러 왔을 때에는, 하늘을 날 수 없게 된 상태라서 물에 빠져 죽는 일이 생겼다. 그러므로 '안전신화를 지키고만 있으면 문제없다'라고 생각하고 있으면, 어느 날 갑자기 최후가 올 수도 있다."

요컨대 그 '친절한 노인'이 모이를 주지 않게 될 수도 있을지 모르므로 그때를 대비해 둘 필요가 있습니다.

이러한 예를 일부러 인용한 것은 지금 일본의 국회 등에서도 여러 가지 분쟁이 생겨난 데에도 원인이 있습니다.

보통 새들이라면, 겨울이 되면 남쪽으로 날아가서 모이를 찾아 먹고 사는 것을, '우리는 보통 새와는 다르다. 모이를 주는 사람이 있으니까 이제 힘들게 남쪽으로 건너가지 않아도 된다'라고 생각하는지도 모르겠습니다만, '괜찮지 않을 수도 있다는 것을 알아두는 것이 좋다'라고 말하는 것입니다.

여기서는 어려운 헌법 논의에는 들어가지 않겠습니다만, '지금까지 안전신화로 잘 되었기 때문에 괜찮다'라고는 해도, 기본적으로는 역시 원점으로 돌아가야 할 것입니다. '국가는 어떤 모습이어야만 하는가? 다른 나라에서는 어떻게 하고 있는가'를 잘 보지도 않고 '우리 국가는 이것으로 잘 되고 있기 때문에 괜찮다' 등으로 말하는 것은 미숙합니다.

그것은 국가에 대해서도 말할 수 있는 것이고, 여러분 개인에 대해서도 말할 수 있는 것이고, 회사에 대해서도 말할 수 있는 것이고, 자영업 등에 대해서도 말할 수 있는 것입니다. '절대로 괜찮다'라고 생각하고 있었는데 경쟁자가 나타나면 돌연 잘 안되게 되는 경우가 있는 셈입니다. 경쟁 가게가 맞은 편에 생기거나 옆에 생기기만 해도 망하는 경우가 있습니다.

따라서 언제나 빈틈없이 긴장된 삶을 살아야만 합니다.

05
마음을 어떻게 살려서
인생을 끝까지 살아갈 것인가

인생에서 얻은 혼의 경험은 사후에도 계속되어 간다

그리고 인생에 주어진 2만일에서 3만일을 성실하게 끝까지 살았던 사람, 지혜를 가지고 끝까지 살았던 사람에게는 그 후의 미래도 있다고 할 수 있습니다.

'그 후'에 대해서 더욱 이해하기 쉽도록 덧붙여 말한다면, 인간은 죽어도 혼이 없어지지 않고 존속합니다.

모 종교처럼 '인간은 사후에 큰 바다와 같은 곳에 흡수되어, 그 알맹이의 하나로서 가라앉은 것과 같은 상태가 된다'라고 하는 '저 세상의 관점'을 가진 곳도 있습니다만, 그런 것이 아닙니다.

인간의 혼은 개성을 가지고 있으며, 저 세상에서도 그대로 살고 있습니다. 금생에 살았을 때, 남성 또는 여성으로서의 성을 가

지고 있습니다만, 이 세상을 떠난 뒤의 내세에서의 모습으로서도
'금생의 의식, 이름, 남성인가 여성인가 하는 성별, 어느 정도 얻
은 지식이나 경험 등에서 얻은 개성'을 가지고 있으며, 다음번에
다시 태어날 때까지는 그것을 자기라고 인식하는 것입니다.

즉, 개성으로서의 인생 경험이 기본적으로는 저 세상에서도 계
속되어 가는 것입니다. 그렇기 때문에 대단히 중요한 일이라고
할 수 있습니다.

인생의 시간을 잘 사용하여 충분히 끝까지 살기 위해

인생에 주어진 시간은 2, 3만일밖에 없습니다만, 그 시간을 잘
사용하여 충분히 끝까지 살아서, 누구의 탓으로 하는 것도 아니
고, 스스로 바꾸어 갈 수 있는 것에 대해서는 '자기의 핸들과 액셀
과 브레이크'를 사용해서 잘 극복해 가야 합니다.

또 미래뿐만 아니라 자신의 과거마저도 바꾸어 갈 수 있는 것
입니다.

'과거가 불행했기 때문에 지금도 불행하다'라고 언제까지나 계
속 말을 하는 나라도 있습니다만, 그렇게 말하는 것 자체가 이미
'불행'입니다. 그런 것을 계속 말하는 한, 절대로 행복해질 수는

없습니다.

그 나라의 현재가 정말 반짝이고 있다면 과거의 일은 용서할 수 있을 것입니다. 과거의 일 따위는 말하지 않는 법입니다. 그것을, 예를 들면 '70년, 80년 전에 이런 일이 있었기 때문에 지금 우리는 불행한 것이다' 따위로 계속 말하는 것은, '지금의 정치가 나쁘다'라는 뜻입니다. 그것은 틀림없이 그럴 것입니다. 지금의 정치가 나쁘기 때문에, 위정자는 국민의 시선을 돌리기 위해 과거의 탓, 외국의 탓으로 하는 셈입니다.

그 부분을 모른다면 유감스럽게도 현대를 사는 으뜸의 지성층이라고는 할 수 없습니다.

마음의 이야기를 중심으로 서술해 왔습니다만 '우리는 자유롭게 할 수 있는 것을 가지고 있다'는 것입니다. 100%, 자기가 자유롭게 할 수 있는 것을 가지고 있으므로, 이것을 사용하여 끝까지 잘 살아가는 것이 중요합니다.

행복의 과학은 이 '마음을 어떻게 살리고, 인생을 끝끼지 산 것인가'에 관한 지혜를 많이 설하고 있습니다. 2015년에 베스트셀러가 된 ≪지혜의 법≫(행복의 과학 출판 간행)이라는 서적 등에서도 '어떻게 해서 지혜를 다이아몬드처럼 연마하여 가치를 낳을 것인가'라는 것을 가르치고 있습니다.

이와 같은 종교는 그 외에는 없으므로, 부디 이 차이에 대해 잘 배워 나가신다면 다행이라고 생각합니다.

진실한 세계에 눈을 떠라

이 세상은, 진실한 세계에서 본다면
마치 정반대의 세계다.
여러분이 그 눈으로써 보는
이 세상의 세계는
마치 '연못 안을 바라보면서
그 수면에 거울처럼 비친 자기의 모습을 보고
자기라고 생각하고 있다'는 것과 같은 일이다.
여러분이 보는 세계는 진실한 세계가 아니다.
눈앞에 있는, 연못 위에 비친 세계에 지나지 않는 것이다.

말을 바꾼다면
여러분이
현실이며 진실이라고 생각하는 이 세계는
'진실한 세계를 비추는, 모방하는
그 그림자에 지나지 않는 것이다'라는 것을 몰라서는 안된다.
여러분은
영화의 장면을 보고 현실이라고는 생각하지 않을 것이다.

똑같이, 진실한 세계에서
이 세계에 살고 있는 여러분을 보는
영적 세계의 사람들 눈에는
여러분의 실제사회나 학교 생활이
영화처럼 보이는 것이다.
그것은 현실을 모방한 픽션의 세계지만
그 픽션의 세계가 바로
여러분이 살고 있는 그 세계 자체인 것이다.

여러분이 진실한 세계라고 생각하는 세계가
진실한 세계가 아니고
여러분이 몽환이라고 생각하는
옛날 이야기나 전설, 종교에서만 들은 적이 있는 세계가
실은 진실한 세계인 것이다.

- ≪깨우친 자가 되려면≫에서

제2장

매력 있는 사람이 되려면

비판하는 사람도 팬으로 바꾸는 힘

01
어떻게 매력을 낼 것인가는
무게가 있는 테마

본 장은 '매력 있는 사람이 되려면'이라는 표제입니다. 만일 이 표제에 거짓이 없을 경우, 내용을 마스터한다면 대체로 모든 일에 성공하게 될 것입니다. 따라서 이 주제에는 어떤 의미에서의 무게가 있을 것으로 생각합니다.

한편, 본 장의 근본이 된 설법을 할 때, 회장(도쿄 정심관)을 비추는 모니터를 통해 참가자의 연령 분포를 보고 있었습니다만, '여기는 다소 어려운 연령층이 모여 있다. 이제부터 매력을 내는 데에는 상당히 힘든 연령층이 아닐까? 난이도가 예상보다 더 올라가는 것이 아닐까'라고 느꼈습니다.

예를 들면, 젊은 사람이라면 매력 있는 인간이 되기 위해 아직도 여러 가지로 만들어 갈 수 있는 것이 있습니다. 그런데 피차일반입니다만, 연령이 올라감에 따라 점점 어려워져서 변화가 쉽지 않게 됩니다.

다만 '그렇게 힘든 가운데에서 어떻게 매력을 뽑아낼 것인가'라는 것이 중요한 것일지도 모르겠습니다. 이 설법 내용이 각각의 분에게 조금이라도 적용된다면 고마운 일이라고 생각하고 있습니다.

참고로, 이 설법을 한 다음날, 와타나베 쇼이치 씨가 도쿄 정심관에서 비슷한 주제로 이야기를 하셨으므로 한편으로는 와타나베 씨의 이야기를 듣는 것도 좋을지 모르겠습니다.

와타나베 씨는 대담을 하실 때 상대를 반드시 칭찬합니다. 또, 자기 일에 관해서는 '열등감을 가지고 있다'라거나, '바보 같이 일을 했다'라는 식으로 자신을 디스하는 이야기를 꼭 하십니다.

그와 같이 자기의 마음을 열고 조금 틈을 보이면서 상대에 대해서는 칭찬하는 것입니다. 그리고 여운이 남는 좋은 느낌으로 마무리합니다. 이것은 언제나 그렇습니다.

역시 와타나베 씨는 매력을 발산하는 방법을 잘 알고 계시는 것이 아니겠습니까?

02
사람을 칭찬할 때에 조심해야 할 것

진실어에 반대되는 식으로 칭찬하면 반작용이 생긴다

다만, 내 경우에는 와타나베 씨의 흉내를 내서 칭찬하려고 해도 안될 때가 있습니다. 왜냐하면 종교가이므로 직업상 '진실어'를 말하지 않으면 안되기 때문입니다.

확실히 젊었을 때는 '대체로 사람은 칭찬하면 호감을 가져 주므로, 무엇을 해도 그것으로 잘 된다'라는 내용이 관련 서적에 많이 쓰여 있었으므로 열심히 사람을 칭찬하는 연습을 한 적도 있었습니다.

그런데 종교가가 되어서 점점 교단이 커지고, 지도하는 상대가 늘어났더니, 진실어에 반대되는 식으로 칭찬했을 경우, 반작용이 생기게 되었던 것입니다. 요컨대 칭찬받은 쪽에서는 '오오카와 류우호오 선생님이 그렇게 말한 이상, 그것이 진실이 아니면 안 된다', '먼저 말이 있어야 한다'라는 것입니다. 그 후 그 사람 자신에 대한 다른 사람들의 평가나 내 평가가 달랐을 경우, 낮은 평가를 한 사람들을 책망하는 일이 늘어났던 것입니다.

그 때문에 사람을 칭찬하기가 점점 어려워진다는 것을 느꼈습니다.

하지만 지난 30년 남짓의 행복의 과학 역사를 돌아보면 많은 사람들이 있었습니다만, 나한테서 '칭찬받은 사람'과 '질책을 들은 사람'의 그 후를 비교해 봤을 때, 꾸중을 들은 사람은 간부로 남아 있는 경우가 많았습니다. 특히 여러 번 꾸중을 들은 사람은 대체로 남아 있습니다.

한편, 칭찬만 받고 그 후 질책을 듣지 않았던 사람의 경우에는 그렇지 않았습니다. 일을 잘할 수 없게 된 것인지, 좌절했는지는 잘 모르겠습니다만, 뭔가의 이유에 의해 일정한 입장으로 인해 떠나게 되었을 때, 불만을 갖는 일이 많았고, 주변에서의 평판이 나빠지거나 비판받거나 하는 일이 있었습니다.

어쨌든 '선생님으로부터 칭찬받았는데도 이렇게 된 것은 이상하다'라고 말하는 사람도 과거에는 있었으므로 의외로 어려운 일이라고 생각합니다.

팔방미인이 되지 않도록 자신의 그릇 나름으로 발신해야 한다

그런데 관계 서적에는 '칭찬하면 사람의 인기를 얻을 수 있어서 사람을 움직일 수 있다'라는 내용이 쓰여 있는데, 실제로 그렇게 되지 않는 경우가 많은 이유는 무엇이겠습니까? 그것은 아마 쓴 사람이 가진 발상의 원점이 세일즈와 같은 데에 있기 때문이라고 생각됩니다.

요컨대 '1 대 1로 고객에 대한 세일즈 실적을 올리려면 어떤 식으로 대하면 좋은가'와 같은 것입니다. 대체로 '사람을 만나면 미소로 대하고 칭찬하여 기분 좋게 만들어주고, 상쾌한 느낌을 주어서 호감을 갖게 한다. 상대가 호감을 가져 주기만 한다면 점점 단골손님이 늘어나므로 성공한다'라는 데에서부터, 전체의 모티프가 만들어진 셈입니다.

다만, 내 입장에서는 그런 것을 가지고는 이미 맞지 않는 경우가 많습니다.

예를 들면 '매력 있는 사람이 되려면'이라는 주제라면, 당연히 그 가운데에는 남녀의 문제도 해당됩니다. 그것은 '남성이 여성으로부터 인기가 있으려면 어떻게 하면 좋은가', 혹은 '여성이 남성으로부터 인기를 얻으려면 어떻게 하면 좋은가'라는 내용일 것입니다.

그런데 나 같은 경우에는 밤마다 여성 신자한테서도, 남성 신자한테서도 '선생님, 사랑합니다'라는 목소리가(천이天耳의 영적 능력 때문) 들려오는 것입니다.

　그런 의미에서는 실로 어려운 면이 있습니다. '그것은 고마운 일이기는 하지만 나는 뭐라고 대답하면 좋겠습니까'라는 면이 있는 셈입니다.

　그것은 그렇다고 해도, 여러 곳에서 팔방미인 식으로 행동하면 매력이 있는 것처럼 보일 수도 있을지 모르겠습니다.

　하지만 반작용은 아니지만, 상대의 반응에 대해 책임이 생길 경우가 있으므로 '발신은 자기의 그릇에 맞게 하지 않으면 안된다. 그 이상으로 지나치게 발신해서는 안될 경우도 있다'라는 것을 알아두십시오.

03
사람은 공과 사
양쪽이 주시되고 있다

다른 사람이 보지 않는다고 생각해서 평소와는 다른 행동을
하고 있지 않은가

　한편, '매력 있는 사람이 되려면'이라는 표제는 본부 쪽에서 올라온 기획입니다만, 이것이 짜인 배경에는 아마 '종교로서 전도를 진척시키기 위한 요령에 관한 이야기를 들을 수 없겠는가'라는 것과, '정당(행복실현당)이 많은 사람들의 지지를 받고 표를 얻을 수 있게 되지 않겠는가'라는 소망이 있는 것이 아닐까 생각됩니다. '그 두 가지에 대한 해결 방안을 정해 주셨으면 좋겠다'라는 소망을 느끼므로, 그런 내용을 듣고 싶은 것입니다.

　다만 거기에는 대단히 어려운 면이 있습니다. 세상에는 안쪽과 바깥쪽이 다른 경우가 있어서, 좀처럼 잘 되지 않거나, 반대로 되거나 하는 일이 많기 때문입니다.

예를 들면 '교단 안에서는 매력이 있어도 바깥에서는 매력이 없는 경우'도 있는가 하면, 또 '안쪽에서 매력은 없어도 바깥쪽에서 매력이 있는 경우'도 있습니다. 그 양쪽을 다 충족시켜야 하므로 이 주제에는 대단히 어려운 면이 있는 것입니다.

요전(2013년 4월 7일)에도 행복의 과학 학원 간사이関西 학교의 첫 입학식에 가서 신칸센(일본의 고속철도)을 타고 돌아왔습니다만, 다음과 같은 일이 있었습니다(입학식에서는 설법 '행복의 과학 학원의 미래에 기대한다'를 행하였다).

가수와 배우로 오래 활약하고 계시는 연예인이 내 앞 자리에 앉으셨습니다. 그 분은 몇만 명이나 참가하는 대규모 콘서트를 하거나, 형사 역할 등으로 드라마에도 나오는 분이었습니다.

그 분은 동료인지 비서인지는 모르겠습니다만, 몇 명의 사람들과 함께 자리를 마주 앉으며 왁자지껄하게 이야기하고 있었습니다. 그런데 갑자기 의자의 등받이를 뒤로 확 젖히는 바람에 의자의 상단부분이 내 눈앞에까지 다가와 있었습니다.

그 때문에 나는 '한마디 정도 양해가 있어야 하지 않을까'라고 생각하면서 앉아 있었습니다.

또 그 분은 화장실에 갈 때에도 보디가드와 같은 사람이 붙어서 왔다 갔다 하고 있었으므로 주변 사람들은 다 알면서도 모른

척 하고 있었습니다. 더군다나 본인은 선글라스를 끼고 있어서 사람들이 알아보지 못할거라고 생각했던 것 같습니다.

어쨌든 신칸센의 좌석 등받이를 뒤쪽으로 심하게 젖힐 경우, 양해의 말 한마디 하지 않는다면 역시 인상은 나빠질 것입니다.

덧붙여 서술하면, 그 분은 주변 분으로부터 지적을 받아서, 시나가와品川역에 내리고 나서 나를 지긋이 바라보고 있었습니다. 내가 뒷자리에 앉아 있었으므로 몰랐겠지만, 말을 듣고 알아차린 다음 지긋이 바라보고 있었던 것입니다.

이런 경우 상대방에게 다소 결례의 면이 있었던 것이 아니겠습니까?

그와 같이 콘서트와 같은 공적인 공간에서는 인기를 올릴 수 있어도, 사적인 부분, 요컨대 '다른 사람이 별로 보지 않는다'고 생각되는 곳에서는 조금 실망스러운 행동을 하는 분도 있는 셈입니다.

정치가나 입후보자는 공과 시 양쪽이 다 주시되고 있다

비슷한 경우로 내 저서에는 정치가에 관한 이야기를 쓴 것도 있습니다.

예를 들면 '이전에 비행기에서 내 앞 좌석에 외무대신外務大臣이

앉아 있었는데, 갑자기 심하게 잠을 자기 시작했다'라든지 '퍼스트클래스를 타고 술만 마시고 있었다'라고 하는 이야기가 가끔 등장했습니다. (≪교육의 사명≫, ≪미의 전도사의 사명≫, 모두 행복의 과학 출판 간행).

그런 의미에서 어디서 누가 어떻게 지켜보게 될지 알 수 없습니다. 어디서 표가 줄어들지, 늘어날지 알 수 없는 면이 있을 것입니다.

특히 정치가는 '공과 사 양쪽이 다양한 관점에서 주시되고 있다'라는 것을 알아야만 할 것입니다.

똑같이 앞으로 입후보하는 사람이라면, 겉과 속 양쪽이 주시되고 있다는 것을 모르면 안됩니다. '좋은 소리를 하는 것 같지만, 실제로는 전혀 다른 사람이다'라고 해서는 곤란합니다.

여러 가지로 외형적인 면에서만 인기를 얻으려고 해봐야 최종적으로는 그 인품의 본질은 나중에라도 알려지는 법입니다. 만일 그 인기가 실속이 없는 경우에는 '짧게 지나가거나 사라져 가는 것이다'라는 것을 알아야만 할 것입니다.

입장이 바뀌기만 해도 주변의 평가는 달라진다

행복의 과학을 시작할 당시, 아버지인 요시카와 사브로善川三朗 명예고문이 나에게 말한 것이 있었습니다. '너는 얼굴이 잘 생기지 않았다'. '목소리가 좋은 편이 아니다'. 그리고 '겉모습이 배우처럼 멋있지 않다'. 여러 가지 면에서 좋지 않은 말을 들었습니다. 사실 지당하며 정확한 판단이었습니다.

다만 최초의 강연회(1987년 3월 8일 '행복의 원리')를 했을 때에는 '목소리가 나쁘다', '좋은 목소리다'라는 식으로 의견이 달랐으므로 조금 놀랐습니다. 아마 연가演歌(일본 대중가요)를 좋아하는 유형의 사람은 '좋은 목소리다'라고 말하고, 연가를 싫어하는 유형의 사람은 '목소리가 나쁘다'라고 말했을 것으로 생각됩니다. 역시 기호는 사람마다 다르기 때문입니다.

그와 같이 모든 사람의 기호에 맞추기는 어렵다고 생각합니다. 다양한 성격, 기호를 가진 사람들로부터 호감을 받거나 사람들에게 매력을 느끼게 하는 것은 그리 간단한 일이 아니라고 생각합니다.

예를 들면, 공부를 잘 하면 사람들로부터 존경받고 매력적으로 보이는가 하면, 반드시 그렇다고는 할 수 없습니다. 그러한 실제 예가 너무 많이 있으므로 한마디로는 말할 수 없습니다. 공부만

하면 학덕이 생겨서 인기가 생기는 것은 아닙니다. 반드시 그렇지는 않을 것입니다.

왜냐하면 공부를 하면 지식은 늘어나지만, 사람을 보는 눈이 어떤 의미로 엄해져서 질책하는 안목이 나타날 수 있기 때문입니다. 여러 가지 것을 알고 있음으로써 '너는 여기가 안돼, 저기가 나빠'라고 하는 질책의 눈이 나오는 면이 다소 악평을 사기 쉬워지지 않을까 생각됩니다.

나도 그런 것은 실제로 상당히 많이 말하고 있습니다만, 젊었을 때와 지금과는 주변의 환경이 바뀐 것도 있어서 받아들이는 방법이 다소 달라진 셈입니다.

지금은 훌륭한 사람에게 잘난 것처럼 꾸짖었다고 해도 '국사 國師 오오카와 류우호오'라고 말할 수 있습니다만, 젊었을 때에는 잘난 척 말해서 머리가 어지러울 정도로 심하게 비판을 받았었습니다.

나는 언제나 느낀 대로 말했을 뿐입니다만, 입장이 바뀌기만 해도 평가는 달라지는 것입니다.

04
어떻게 하면 미움 받을 것인가라는
실제 예

본 장에서는 '매력 있는 사람이 되는 방법'을 설할 생각이었습니다만, 생각하면 생각할수록 '매력이 없어지는 방법' 쪽이 생각나는 것입니다.

'어떻게 하면 미움 받을 것인가', '어떻게 하면 꾸중을 들을 것인가', '어떻게 하면 너는 안돼라는 말을 들을 것인가'라면 나부터서도 실제로 경험한 에피소드가 많습니다.

일본인은 '사람을 칭찬한다'는 것에 인색한지도 모르겠습니다만, 그렇다고 해도 '이것을 해서 꾸중을 들었다'는 경우는 자주 생기므로 정말 반성만 하게 됩니다.

실제 예 ① — 신입사원 환영회 자리에서

예를 들면 내가 막 사회인이 되었을 무렵, 배속된 부서에서 환영회를 열어 주었을 때의 일입니다.

부서의 사람들이 모여서 환영해 준다고 해서 나는 기쁜 마음으로 환영회 장소로 갔습니다. '신입사원 환영회이므로 오늘은 당연히 내가 주빈이겠구나'라고 생각했으므로 안쪽 자리로 들어가서 벽을 등지고 앉았습니다만, 나중에 온 사람들의 표정이 모두 떨떠름한 느낌이었습니다. 하지만 나는 왜 부서 사람들이 전부 이상한 표정을 지으며 나를 쳐다보는지 알 수 없었습니다. 나는 주빈이므로 안쪽 자리에 앉았는데 대체 무엇이 나쁜지 그때는 전혀 알 수 없었던 것입니다.

그 무렵부터 자주 질책을 받게 되었습니다.

어떤 선배로부터 '신입사원이면 입구 부근에 앉는 법이야'라고 주의 받았으므로 '입구에 앉으면 사람들이 들락날락하니까 차분하지 못하잖습니까'라고 했더니 '그러니까 신입사원이 거기에 앉는 것 아니냐'라고 야단을 맞고 난 후에야 '과연 그렇군. 그런 것이었구나'라고 겨우 이해했던 것입니다.

나 자신의 성격상 사람이 음식이나 마실 것 등 여러 가지 것을 가지고 방을 왔다 갔다 하면 정신없어 싫었으므로 '차분한 자리'에 앉았을 뿐입니다.

이것은 '본래 있어야 할 모습'에 충실했을 뿐이라고 할 수 있습니다만, 이 세상에서는 이해받을 수 없었습니다. '본래 있어야 할 모습'이라면 안쪽의 상석에라도 앉지 않으면 안되겠지만, 이해받지 못하고 심하게 야단을 맞고 말았습니다.

실제 예 ② — 입사식 날 '미토 코몬 사건'

또 입사해서 3개월부터 반년 정도 지나고 나서 내 귀에 들어온 일입니다만, 나의 '미토 코몬水戶黃門(일본의 암행어사) 사건'이, 여기저기서 소문이 나고 있었던 것입니다.

그것은 이런 내용입니다. 3월 말 경에 대학 졸업식이 있었습니다만, 마침 같은 날에 회사 입사식도 있었습니다.

회사의 본사가 오사카였으므로 입사식은 오사카 쪽에서 행하여져, 그곳에서 신입사원을 모아 점심을 먹는다는 것이었습니다.

그래서 나는 아침 9시부터 10시까지 졸업식에 참석한 다음, 집에 들를 시간도 없이 졸업식 모습 그대로 신칸센을 타고 오사카로 직행했습니다.

그 신칸센 안에는 우연히 입사 동기들이 몇 명 타고 있었으므로 대화를 하고 있었더니 그 중에 한 사람이 '자넨 대학은 어디를 나왔나?'라고 물었습니다. 그래서 바로 가지고 있던 졸업증서를 세로로 세워 올려서 보여주었던 것입니다. 거기에는 비단모양의 검은 바탕에 금색 글자로 '도쿄대학 법학과'라고 새겨져 있었습니다.

이것이 '미토 코몬 사건'이라고 말해지는 내용입니다. 나는 그것이 문제가 되리라고는 생각도 하지 못했습니다.

다른 사람이 듣는 곳에서 '도쿄대학을 나왔다' 등으로 말하면 마치 자랑이라도 하는 것 같아서 말로 하지 않는 쪽이 좋겠다고 생각하고 졸업증서를 보여주었을 뿐입니다. 하지만 이것이 '이 어패가 보이지 않는가'라는 식으로 거만했다는 이야기가 되어, 그 후 반년 동안은 여러 곳에서 계속 소문이 나돌았습니다.

나는 소리를 내서 말하는 쪽이 상당히 자랑하는 것처럼 보여서 미움 받을 것으로 생각했습니다만 '그런 일로도 놀림을 받는다고' 생각하고 쇼크를 받았습니다.

이처럼 내가 생각하는 상식과 보통의 일본 사람들이 생각하는 상식과는 상당히 달랐던 것 같습니다.

실제 예 ③ — 선배들과 합승한 택시에서

부서의 선배들과 함께 택시를 탔을 때에도 그런 일은 있었습니다.

몇 명이 함께 택시를 탈 때, 선배를 가장 안쪽 자리까지 들어가게 만드는 것은 당연히 실례가 될 것이라고 생각하고, 제일 먼저 내가 올라타서 운전사 뒤쪽 좌석에 앉고, 선배는 타기 쉽도록 '입구' 쪽에 앉혀 드리고, 또 조수석은 시야도 좋으므로 '거기'에도 선배를 앉혀 드렸습니다.

그랬더니 나중에 선배로부터 '몰라서 그랬을 것이라고는 생각되지만, 안쪽은 가장 윗사람이 앉는 자리야. 여기가 제1이고, 2번째, 3번째……'라고 배웠던 것을 기억하고 있습니다.

내가 생각했던 것은 어째서 반대가 되는 걸까요? 선배에게 수고를 끼쳐서는 안되므로 내가 안쪽까지 가겠다는 생각이었는데도 야단을 맞았던 것입니다.

실제 예 ④ ─ 미국에서 심야 택시를 잡을 때

미국에서 근무했을 때에도 비슷한 일이 있었습니다.

어느 날, 귀가시간이 늦어서 택시를 잡으려고 했는데 좀처럼 서주지 않았습니다. 뉴욕에서는 시간이 늦으면 강도도 많아지기 때문에 쉽게 서 주지 않습니다. 택시를 세울 때 보통은 손을 듭니다만, 그 정도로는 서 주지 않습니다.

그래서 동료인 미국인 여성들 3명이 택시를 세우려고 열심히 치마를 올리면서 발을 올리기 시작했습니다.

그것이 라인 댄스처럼 보여서 나는 껄껄 웃어버렸습니다.

그랬더니 선배로부터 '너 말이지, 전혀 이해를 못하고 있구나. 이 시간대에는 좀처럼 차가 서 주지 않으니까 치마를 조금 올리고 발을 올려서 섹시함으로 매료시키려고 하면서까지 열심히 택시를 세우려고 하는 것 아니냐? 그것을 비웃다니 무슨 짓이냐'라고 야단을 맞았습니다.

몇 가지 예를 제시했습니다만, 당시는 이러한 일이 너무 많아서 하루하루가 최악의 상황이었습니다.

그런 의미에서는 '미움 받는 방법'이라면 나는 여러분에게 얼마든지 가르칠 수 있습니다만 '매력 있는 인간이 되는 방법'을 가르치기는 정말로 어렵습니다.

실제 예 ⑤ ─ 가방에 다량의 책을 넣어 갖고 다닌다

학생 시절에는 공부를 하고 있으면 칭찬받습니다만, 사회인이 되면 남이 보는 데에서 공부를 하면 칭찬받기가 쉽지 않습니다.

예를 들면, 나는 언제나 가방에 다량의 책을 넣어 다니고 있었습니다만 '너는 언제나 변함이 없구나. 평생 그대로 살 것인가'라는 식으로 말을 듣고 있었습니다. '네, 이대로 살겠습니다. 전철을 탈 때 가방에 있는 책을 꺼내서 읽어야 하므로, 많이 가지고 있지 않으면 안되니까……'라고 했더니 '너는 평생 그렇게 살참이구나'라는 식으로 전혀 의사소통을 할 수 없었던 것입니다.

당시는 '동료가 있는 곳에서 공부하고 있는 모습이 눈에 띄는 것은 안 좋은 모양이다'라는 것을 나는 잘 몰랐습니다.

이와 같이 아무래도 세간의 상식은 전혀 다른 것 같습니다.

환경이 바뀌면 가치판단이 달라지는 예 – 복장에 대해서

하지만 신기하게도 종교가가 되었더니 나도 모르게 상황이 바뀌어 다른 사람들이 내 의견을 잘 들어주게 되었습니다. 이것은 정말로 신기한 일이며, 오히려 내가 이유를 알고 싶을 정도입니다.

예를 들면, 이 장章의 바탕이 된 설법을 했을 때, 핑크인지 오렌지인지 알 수 없는 색의 옷이 준비되어 있었기 때문에 나는 나도 모르게 주변 사람에게 '이 옷이 괜찮은가?'라고 여러 번 확인을 하게 되었습니다. 만일 샐러리맨이 이러한 모습으로 출근한다면 큰일 날 것입니다. 특히 연휴가 끝나고 갑자기 그런 모습으로 출근하면 '연휴에 어딘가 이상한 곳에라도 가서 이상해진 게 아니냐'라는 말까지 듣고 말 것입니다.

더구나 그 옷에 맞는 넥타이까지 무지개 색이었던 것입니다. 무지개 색은 소위 게이인 사람들을 상징하는 패션 컬러입니다(프라이드 컬러).

　'오늘 이 의상과 넥타이가 정말 괜찮은가'라고 물었습니다만 '선생님에게 잘 어울립니다'라는 말을 재차 들었으므로, '정말일까'라고 의아하게 생각하면서 입었던 기억이 납니다.

　어쨌든 세상은 환경이 바뀌면 가치판단도 여러 가지로 달라지는 것은 틀림없는 것 같습니다.

05
매력 있는 사람이 되기 위해
필요한 것이란

지도자의 자질 중의 하나인 '의욕이 상실되어도 바로 회복하는 힘'

몇 가지 일화를 소개했습니다만, 그와 같은 경험 속에서 나는 '자기 자신이 어느 정도 비판을 받아서 심하게 의욕이 상실되더라도 그것은 어쩔 수 없다고 포기하는 쪽이 좋은 것 같다'라고 생각했습니다.

비판받고 의기소침해짐으로써 비판받지 않는 쪽으로 바뀌어 버리는 인간은 '표준화'를 할 수 있는 사람입니다. 즉, 그 사람에게 지시하거나, 명령하거나, 그 사람을 사용하거나 할 수 있는 보통사람이 될 수 있습니다.

하지만 비판받았다고 해도 그 비판에 의해 의기소침해졌다가 바로 원상태가 되는 사람은 정말로 다루기 힘든 유형입니다. 아무래도 심하게 의욕이 상실되었다가 빨리 원래로 돌아가는 것도 능력 중의 하나인 것 같습니다.

그와 같이 본래 같으면 의욕이 상실된 부분에 대해 '바로 복원하는 힘'이 있는 사람에게는, 일종의 '위신력威神力'이 갖춰지는 것 같습니다. 그리고 이것이 어떤 의미에서 지도자의 자질 중의 하나이기도 할 것입니다.

보통사람이라면 기가 죽거나, 힘이 빠지거나, 혹은 실망하거나 하는 상황을 어떻게 해서 다시 회복하고, 어떻게 또 진격을 계속해 나갈 것인가는 지도자로서 대단히 중요한 자질 중의 하나입니다. 보통은 좀처럼 그렇게 되지 않고, 자기 연민에 빠져 버리는 기간이 상당히 길어지는 법입니다.

다만, 나도 젊었을 때에는 하루가 끝날 때 '정말로 부끄러운 하루였다. 이런 인생이 계속된다면 쥐구멍에라도 들어가고 싶다'라는 느낌으로 자기 연민, 혹은 자기 혐오의 생각이 생겨나는 날이 대단히 많았습니다. 물론 이것은 여러분에게 자랑할 수 있는 일이 아닙니다.

지금은 사람들에게 반성을 하도록 권하는 나 자신도, 예전에는 사람들에게 반성을 권할 수 있는 상황이 아니라 '쥐구멍에라도 들어가고 싶다', '오늘도 이렇게 부끄러운 꼴을 당했다', '이런 것은 몰랐다'라는 것을 느끼고 자기 혐오에 빠지는 일이 실로 많았던 것입니다.

하지만 현재는 하루가 끝날 때 '오늘, 나는 뭔가 한 걸음이라도 전진했는가 아닌가', '오늘은 하루를 헛되이 하지 않았는가 아닌가' 등, 긍정적인 생각을 하고 나서 잠을 자도록 하고 있습니다.

젊었을 때의 내 심경은 부끄럽게도 자살한 다자이 오사무太宰治(일본의 소설가)와 그다지 크게는 다름이 없었다고 생각합니다. '살아 있다는 것은 망신을 당하는 것'이라는 마음이 상당히 컸다는 생각이 듭니다.

하지만 그 후에는 '마음의 상처가 심한 일'이 있어도 잠시 후 '회복한다'는 식으로 바뀌어 갔습니다. 하루에서 며칠, 혹은 주말이 지나면 다음 주에는 '복원하는 힘'이라는 것이 의외로 중요하다는 것을 알게 되었습니다.

자기 연민을 하는 사람은 자기 중심적으로 보인다

결국 자신에 대해 '불쌍하다' 등으로 생각해서 자기 연민을 하고 있어도 그것은 다른 사람에게는 별로 관계가 없는 일입니다. 다소는 불쌍하게 생각해 주는 경우가 있다고 해도, 역시 오랜 기간 상대해 주지 않는 것은 틀림없습니다. 그런 일로 오래 질질 끄는 사람을 상대해 주지 않는 것입니다.

하지만 그런 사람은 자기가 다른 사람들로부터 사랑을 빼앗고 있다고는 생각하지 않습니다. 그렇지 않고 비극의 신데렐라와 같은 느낌으로 자기 자신에 대해 불쌍하다고 생각하는 것입니다.

그런데 자기에 대해 열심히 위로할 뿐인 사람은 기본적으로 다른 사람에 대해 생각하지 않는 면이 있습니다. 그 때문에 대단히 자기중심적으로 보이는 것이 있습니다. 게다가 그 자기중심적으로 보이는 것을 본인이 모른다는 것이 문제입니다. 그리고 '타인이 자기에게 상처 주었다', '타인이 자기를 나쁘다고 했다'라는 것만 마음에 걸리게 됩니다.

그러한 면은 되도록 빨리 바꾸지 않으면 안됩니다만, 사상에 의해 이것을 극복하는 것은 가능합니다.

'실패의 못' 위에 '광명사상이 들어간 새로운 못'을 박아라

행복의 과학 초기 영언집 속에 '판자에 박힌 못을 열심히 빼려고 해도 좀처럼 빠지지 않지만, 그 못 위에 다음 못을 박으면 먼저 박혔던 못이 판자 아래로 빠져 나간다'라는 이야기가 있습니다. 이것은 '한 사람의 인간 안에서 두 가지 다른 감정을 동시에 가질 수는 없다'라는 것을 비유한 말입니다. '어두운 마음'과 '밝은 마음'을 동시에 가질 수 없는 것입니다.

이것은 행복의 과학 가장 초기의 기본적인 진리 중의 하나입니다만, 어둡고 음습한 생각을 갖는 것과 동시에 밝은 마음으로 산다는 것은 좀처럼 병행할 수 있는 것은 아닙니다. 지금 말한 못의 예처럼 '판자의 못 위에서 그 다음 못을 박으면 먼저 박혔던 못이 빠진다'라는 관계에 있습니다.

따라서, 만일 어두운 마음이나 침울한 기분이 되어 있다면, 어떻게 빨리 그 반대의 것으로 바꾸어 버리는가 하는 것이 중요합니다.

그러한 어두운 마음이 계속되는 동안에는 자기 자신도 비참하겠지만, 그 비참한 자기와 대하는 가족이나 회사의 동료, 혹은 그 밖의 관계가 있는 사람들로부터 다양한 사랑을 빼앗으며 살고 있는 것이기도 합니다.

하지만 그것에 대해 본인은 알아차리지 못합니다. 아무리 위로하고 위로해도 더욱 비극의 주인공처럼 되어서 사랑을 더 빼앗는 유형이 되어 갑니다.

이것은 아직 다른 사람에게 폐를 끼치고 있다고 생각하지 못한 것입니다. 그렇지 않고 '자기가 순수하기 때문에 상처받는 것이다'라고 생각하는 면이 있습니다.

인생에 실패는 많이 있습니다. 잘 되지 않는 일도 있습니다. 자기의 상식과 세간의 상식이 다를 수도 있습니다. 혹은, 회사의 전통과 맞지 않을 수도 있습니다. 어쨌든 '실패의 못을 박아 버렸다'고 생각한다면 그 못 위에 '광명사상이 들어간 못'을 새롭게 박아서 빼지 않으면 안됩니다.

요컨대 '마이너스에 대해서는 플러스로써 대응한다'는 것입니다. 예를 들면 맥이 빠지는 일이 있으면, 이번에는 한 발 더 다른 곳에서 공략해 보는 것입니다.

나도 이런 사고방식을 가지게 되고 나서 상당히 편해졌습니다.

질투심이나 열등감을 승화하여 플러스의 에너지로 전환시켜라

'매력 있는 사람'이 되기 위해 필요한 것으로서 또 하나에는 역시 '질투심'이나 '열등감'에 대한 대책이 있습니다. 그것은 나도 젊었을 때에 자주 느끼던 것입니다.

질투심이나 열등감이라는 것은 학생 시절부터 갖는 사람이 많지 않을 것입니다. 지금이라면 초등학교 시절부터 이미 시작되는지도 모르겠습니다.

초등학교, 중학교, 고등학교에서는 '학업을 잘하는가 못하는가'라고 하는 데에서부터 시작하여 '운동을 잘하는가 못하는가', '이성에게 인기가 있는가 없는가', 혹은 '주변에서 호감을 받는가 미움을 받는가' 등 여러 가지가 있을 것이고, 그것으로 열등감을 느끼는 사람은 어른이 되어도 많을 것입니다.

그리고 자기보다도 혜택을 받았다고 생각되는 사람도 당연히 있을 것입니다.

예를 들면 공부를 잘하는 사람이나 영어로 잘 대화할 수 있는 사람, 스타일이 좋은 사람도 있을 것입니다.

혹은, 부모가 부자라서 '여름방학에 스위스에서 휴양하고 왔습니다' 등으로 말하는 사람도 있겠지만, 이런 사람에게는 화가 나는 법입니다. '나는 가루이자와輕井澤(일본의 휴양지 중의 하나)에도 가 본 적이 없는데 스위스라니?'라고 생각하면 여럿이 모여서 '저 놈 좀 괴롭혀 줄까'라고 '담합'하고 싶어질지도 모르겠습니다. 그 사람은 좋은 집안에 사는지도 모르겠습니다만 '스위스에 별장이 있다니!' 등으로 들었다면 아무래도 마음이 진정되지 않고, 괴롭혀 주지 않고서는 견딜 수 없게 되기도 할 것입니다.

이와 같이 열등감과 질투심이라고 하는 것은 비교적 가까운 곳에 존재합니다만, 역시 극복하지 않으면 안됩니다.

이런 것은 학생 시절뿐만 아니라 어른이 되고 나서도 계속되는 것입니다. 타인과의 비교에서 열등감이나 질투심을 느끼는 면은 계속되어 갑니다. 이것을 극복하지 않는다면, 유감스럽게도 '저렇게는 되고 싶지 않다'라고 생각되는 매력이 없는 인간이 되어 가는 것입니다.

성공하는 사람의 특징은 이 열등감이나 질투심을 잘 승화시켜서 그 힘을 자신의 플러스의 에너지로 전환시키는 것을 잘한다는 면이 있습니다. 그런 것을 실로 잘한다고 생각합니다.

자기 자신의 열등감을 주변을 격려하는 용기의 원리로 사용한다

또 이 열등감을 다른 사람에 대한 '용기의 원리'로 사용해 갈 수도 있습니다.

예를 들면, 마쓰시타 고노스케 씨는 자신이 초등학교 중퇴라는 것을 숨기지 않고 되풀이, 되풀이하여 말하고 있었습니다.

그런 사람이 회사를 크게 하여 드디어 고졸인 사람을 채용할 수 있게 되고, 그 다음으로 고등전문학교를 졸업한 사람을 채용할 수 있게 되고, 대졸인 사람을 채용할 수 있게 되고, 드디어는 일류대학 기술자도 들어오게 되었습니다. 실로 신기한 일입니다만 그것을 감추지 않고 하고 있었던 것입니다.

본래 질투심이나 열등감을 느껴도 어쩔 수 없는 것을, 오히려 사원들이 모두 자기보다도 훌륭하게 보였기 때문에 '이렇게 훌륭한 사람들이 많이 와주어서 정말 도움을 받고 있다. 고마운 일이다'라는 마음을 가지고 사람들을 채용하고 있었습니다.

최근의 사람으로는 이나모리 가즈오稻盛和夫 씨에게도 다소 그런 면이 있습니다.

예전의 가고시마鹿兒島 중학교에 시험을 쳐서 떨어졌다거나, 오사카 대학에 시험을 쳐서 떨어져서, 학생 시절에는 열등생이었고, 회사의 입사시험에서도 당시의 주요 가전업체에는 거의 떨어져서 주위 사람들이 잘 모르는 회사에 들어갔습니다. 거기서 몇 년 열심히 일을 하고 나서 독립할 때, 자기를 따라오고 싶다고 하는 사람이 있었기에 회사를 만들어서 크게 성장시켰습니다.

그 후 이나모리 씨는 교세라를 만들었고, 제2 전신전화(현재 KDDI의 전신)를 만들었고, 그리고 최근에는 JAL(일본항공)의 재건에 착수한 것 등이 잘 알려져 있습니다.

이 사람도 그러한 열등감을 가지고 있었다는 것을 분명히 공개하면서 '그러한 나라고 해도 이렇게 성공할 수 있었으므로, 나보다도 뛰어난 사람들은 더 잘할 수 있는 것이 당연하지 않겠습니까'라는 식으로 '용기의 원리'를 주고 있습니다.

이것도 객관적, 사회적으로 보아서 일정 이상의 성공을 얻었을 경우에는 미담으로 바뀌어 가는 면이 있는 셈입니다.

하지만 거기까지 도달하지 못한 경우에는 단순한 자기 비하가 되기도 하므로, 그 가감은 정말 어려운 면이 있습니다.

다만, 이러한 마이너스 감정도 잘 사용하면, 마치 100미터 달리기 때 사용하는 스타팅 블록과 같은 것이어서, 반동을 사용해서 속도를 더하는 찬스가 되므로, 역시 그 열등감이나 질투심이라고 생각되는 것을 도약판으로 삼으면서 플러스로 전환해 가는 것을 생각하면 좋을 것입니다.

06
매력 있는 사람의 특징

스스로의 노력에 의해 성공한 사람일수록 주변에서의 도움을 많이 느낀다

열등감이나 질투심이라고 생각되는 것을 플러스로 전환해 가는 과정에서 어떻게 하면 그것을 보완해 갈 수 있겠습니까?

물론 거기에는 본인의 노력이 필요할 것입니다. 노력하지 않는 사람에게 좋은 방향으로 개척되는 것은 역시 드문 일일 것으로 생각합니다.

노력해서 길을 열어 가는 가운데에 '내가 노력했기 때문에 이렇게 된 것이다' 등으로 자기의 공훈으로 삼는 생각이 아니라, 노력해서 성공하면 할수록 '주변 사람들 덕택으로 성공했습니다', '하느님, 부처님 덕택에 성공했습니다'라는 사고방식으로 바뀌어

가는 것입니다.

　이것은 대단히 신기한 일입니다만, 스스로 노력하고 단련하여 성공한 사람일수록 '이것은 운의 힘이다', '하느님의 힘이다', 혹은 '세상 여러분의 힘이다'라고 말하게 됩니다.

　하지만 노력해서 자신을 수련하지 않고, 자조 노력에 의해 일어선 것이 아닌 사람일수록 다른 사람이나 주변의 탓으로 하면서 그것으로 끝내는 경향이 있습니다. 그런 사람은 기본적으로는 별로 호감을 사지 않고 미움 받는 유형일 것입니다.

　이 부분은 대단히 중요한 면이 아닐까 생각합니다.

　실제로 스스로의 노력으로 행하는 것이라도 차츰 '주변 덕분'이라는 쪽을 크게 보고 '자기 자신의 힘' 쪽은 작게 보게 된다는 것은 '겸허함'에서 비롯된 것입니다.

큰 꿈을 계속 쫓으면서도 겸허함을 가진다

　매력 있는 인간이 되기 위해서는, 어떤 의미로 야심적이지 않으면 안되는 면도 있습니다. 젊었을 때에는 큰 꿈을 가지고 다소 허풍을 떠는 것처럼 간주되는 말이라도 할 수 있을 정도로 야심가와 같은 면이 있는 쪽이 매력적입니다.

하지만 그것이 자신과잉이기 때문에 주변 사람들이 정말로 참을 수 없는 마음을 갖게 되는 사람이어서는 안됩니다. 다소 야심가여서 큰 꿈을 펼치는 면은 있다고 해도, 다른 한편에서는 겸허함을 가진 유형이 아니면 안됩니다.

'큰 꿈을 계속 쫓아다니고는 있지만 겸허하기도 하다'라는 식으로, 좀처럼 양립하기 어려운 것이어도 그것을 자제심에 의해 양립시키는 노력을 하는 사람이 역시 '매력 있는 사람'이 되어 간다고 생각되어 견딜 수 없습니다.

'어떻게 하면 매력이 없어지는가'를 보여주는 북한이나 중국

반대로 '매력이 없는 사람'을 '다른 사람으로부터 미움 받는 유형의 인간'이라고 파악한다면 어떻겠습니까? 그 실제 예를 보고 싶으면, 때때로 텔레비전 뉴스 등에서 방영하는 조선중앙 방송을 보면 '어떻게 하면 사람들로부터 미움 받는가'를 바로 알게 됩니다.

상대를 철저히 나쁘게 말하고, 상대의 입장은 조금도 고려하지 않고, 자신의 입장만을 계속 주장하고, 어쨌든 '자기들만이 옳다'고 계속 말하는 것입니다. 이와 같이 하면 반드시 미움 받을 수 있습니다. 그런 것을 국영방송에서 하고 있는 것입니다.

중국의 외무대신이나 보도관 등도 똑같습니다. '이러한 일을 하면 미움 받는데, 알고 있는 것일까'라고 생각되는, 일방적인 말을 계속해서 하고 있습니다. 자기 나라의 국민은 그것으로 세뇌할 수 있는지도 모르겠습니다만, 나라 바깥의 세계 사람은 그런 것을 가지고는 세뇌되지 않습니다. '자유'라고 하는 것이 주어진 사람은 그런 것을 가지고는 세뇌되지 않을 것입니다.

'반론의 자유'를 가진 사람들에게는 그런 것을 가지고 통하지 않는다는 것을 그들은 모르는 것 같습니다. '자기네 국민에 대해서는 말을 듣게 할 수 있다면, 그 외의 나라 사람들에게도 할 수 있다고 생각하고 있는 것이 아닐까'라고 의심될 만한 것을 정보 발신하고 있습니다.

이것은 정말 '어떻게 하면 매력이 없어지는가'를 보여주는 것 같은 모습입니다. 그들에게는 '조금은 자기들의 문제도 생각해 보시면 어떻습니까'라는 마음이 있습니다.

반대로 일본이 너무 지나치게 자기 비하적인 상태가 되어 있다면 '자기들의 좋은 면도 조금은 인정하는 것이 좋지 않습니까'라는 생각도 있습니다.

행복의 과학 정치활동에 대해서도, 요컨대 조선중앙 방송처럼 되어 있지 않은지 어떤가를 잘 점검해 주기를 바랍니다. 자기들의 입장을 그냥 주장하면서 상대를 계속 비판하는 형태로만 되어 있지 않은지를 잘 생각해 보십시오.

그와 같이 대수롭지 않은 사려나 배려라도 좋습니다만, 너무 일방적인 형태가 되지 않도록 노력하는 것이 중요합니다.

신념을 가지고 해낸 사람이야말로 매력 있는 사람

본 장에서는 여러 가지 형태로 '매력 있는 사람이 되려면'이라는 것에 대해 서술해 왔습니다.

결국 내가 최종적으로 말하고 싶었던 것은 '신념을 굽히지 말고 끝까지 해내주기를 바란다'라는 것입니다.

그 신념 자체는 자기 보신에 근거하는 것이 아니라, 세상 사람들을 행복하게 하고 세상을 정말로 올바른 방향으로 이끄는 것이 아니면 안됩니다. 그리고 그러한 것을 실제로 신념을 가지고 해낼 수 있었던 사람은 역시 '매력 있는 사람이 될 수 있다'라고 생각합니다.

여러 가지 길은 있습니다만, 강한 신념을 가지고 다양한 비판을 견뎌내고, 반성도 하면서 올바른 것을 잘 해내는 것이 중요합니다. 그렇게 하면 다른 사람에 대해 처음에는 비판을 하던 사람이라도, 이윽고 팬으로 바뀌어 갈 것입니다.

전도란 무엇인가

종교활동의 원점은
역시 이 '전도'라는 말에 집약된다.
그러면 전도란 대체 무엇인가?
전도는 '길을 전한다'라고 쓰는데
전해야 할 길이란 대체 무엇인가?
그것은 사람으로서 걸어야 할 길, 진리의 길이다.

그 진리의 길을 전해주고 있지 못했기 때문에
많은 인간은 걸어야 할 길조차 인식하지 못하고 지낸다.
그리고 걸어서는 안될 길을 걷고
스스로는 평탄한 길을 손쉽게 여행하는 줄로 생각하겠지만
기실
어떤 사람은 깊은 산골짜기로 내려가고
어떤 사람은 늪지대로 내려가고
어떤 사람은 낭떠러지나 절벽에서 바다에 떨어진다.

그것이 진정한, 영적인 눈으로 본 인생의 진실이다.

육체의 눈으로써 보기 때문에

스스로가 지금

그러한 위험한 길을 걷고 있다는 것을

또한 수십 년 후에, 그리고 그 앞에서 기다리는 미래가

어떠한 것인가 하는 것을

모르는 채 살아가는 사람이 많다.

하지만 영적인 눈

즉, 이 세상을 떠난 실재계의 눈으로 본다면

어떠한 길이 진리의 길이며

제대로 된 길이며, 곧은 길이며

어떤 길이 사람들의 인생을 뒤틀리게 만드는 길인가 하는 것은

일목요연하다.

다만, 그것은

유일하게 올바른 종교에서만 배울 수 있는 진리에 의해

인도되는 것이며

그 이외의 어떠한 학문이나 교육, 사상에서도

그 진정한 길을 가리켜 보일 수는 없다.

여기에야말로 종교의 진정한 사명이 있다.

- ≪전도의 마음≫에서

제3장

인류행복화의 원점

종교심, 신앙심은 왜 중요한가

01

종교심과 신앙심은 왜 중요한가

'대오 35주년', '입종 30주년'을 맞이한 행복의 과학

행복의 과학에서 2016년은 '대오 35주년', '입종 30주년'이며 하나의 마디의 해였습니다.

입종한지 30년이 지났으므로 종교단체로서는 어느 정도 일본 안에서의 지위는 확립되어 왔다고 생각하고 있으며 세계적으로도 알려지고 있다고 봅니다.

해외에서 행복의 과학을 아는 사람의 인원수를 합하면 아마 일본보다는 훨씬 많다고 생각합니다만, 해외에서도 아직 현재 진행형으로 활동하는 중입니다.

내 생탄의 땅인 도쿠시마 현이 어느 정도 해외에서 알려져 있는지는 모르겠습니다만, 이윽고 도쿠시마 현은 세계의 성지가 될 것으로 생각하고 있습니다.

또 2016년에는 영화 '천사에게 아임 파인' (2016년 3월 공개, 제작 총지휘 오오카와 류우호오)에서도 다소 캠페인을 벌였습니다만, 입종 30주년을 기념하여 요시노가와시吉野川市의 가와시마초川島町에 '성지 엘 칸타아레 생탄관生誕館'을 건립하였습니다.

내심으로는 다소 부끄러운 마음이 없는 것은 아닙니다만, 기념이 되는 것이 뭔가 하나 정도는 있는 것이 좋다고 생각하고 있습니다. 필시 세계 사람들이 참배하러 와주시게 될 것으로 믿고 있습니다.

미래의 도쿠시마 현에는 '아와오도리阿波踊り(아와 춤을 추는 축제)' 기간 때만이 아니라, 내 생탄일 7월 7일 무렵을 중심으로 해서 여러 기회에 전 세계에서 많은 분들이 방문하게 되는 것이 아닐까 생각되므로 도쿠시마 현의 미래는 정말 밝습니다.

이상을 서두로 해서 본 장에서는 주로 종교적인 이야기를 하고자 합니다.

도쿠시마 현 출신의 '미키 다케오 전 총리의 영'을 난처하게 만들었던 질문

나는 2016년 4월 23일에 본 장의 바탕이 된 설법을 도쿠시마 현에서 했습니다만, '도쿠시마와 관련이 있는 영계정보 수집이 필요하지 않을까'라고 생각하고 그 설법 2일 전에 '도쿠시마 현에서 나온 딱 한 명의 수상'인 미키 다케오三木武夫 씨의 영을 행복의 과학에 불러서 영언을 수록했습니다(2016년 4월 21일, ≪미키 다케오의 영언≫).

전반의 내용은, 논리정연해서 '훌륭한 분이다'라고 느꼈습니다만, 후반이 되자 점점 '어쩐지 영계에 대해서는 별로 알고 계시지 않는 모양이구나'라고 느끼게 되었으므로 '아직 멀었다'라고 느낀 바입니다.

그때 했던 질문 중에서 미키 다케오 씨의 영을 가장 난처하게 만들었던 것은 '당신은 왜 도쿠시마 현을 선택해서 태어났습니까'라는 질문이었습니다. 순간적으로 말문이 막혀서 뭐라고 답하면 좋을지 알 수 없었던 것 같습니다.

어쩐지 '오오카와 류우호오가 태어나기 전에 도쿠시마 현에 태어나서 뭔가 사명을 다했는가'라는 의미의 질문이었던 것 같습니다. 다만 미키 다케오 씨가 나보다도 뒤에 태어났다고 가정하고

'도쿠시마 현에 무엇을 위해 태어났는가'라고 묻는다면 이해가 가겠지만, 태어난 순서가 반대이므로 순간적으로 답이 막힌 느낌이 있었던 것을 기억합니다.

만일 같은 질문을 내게 묻는다면 어떻게 대답했겠습니까?

"역시 '시코쿠四國의 땅은 코보대사弘法大師 쿠카이空海가 88곳의 영지靈地를 정한 이래로 1000년 이상이나 되는 동안 영적인 땅으로서 지켜지고 있었다'라는 면이 큰 것이 아닐까 생각하고 있습니다.

태어나 자란 환경에서 역시 문화적인 것의 영향을 상당히 많이 받으므로 '그러한 영적인 환경 속에 태어났다'라는 면이 컸던 것이 아닐까 생각하고 있습니다."

영적인 것을 받아들이지 않는 현대의 학문이나 과학

다만 그와 같이 신앙이 깊은 곳에 태어났다고 해서 모든 문제가 해결된 것은 아닌 것도 사실이며, 내 인생의 대부분은 '시골과 같은 부분과 도회와 같은 부분과의 갈등을 거치면서 성장해 간다'라는 과정이었습니다.

세계 정세나 일본 전체를 바라보는 의미에서 시코쿠는 그리

유리한 땅이라고는 생각되지 않습니다.

그렇지만 향토의 '순수한 신앙심'과 '일본 전체는 지금 어디를 향하고 있는가? 세계는 어떤 방향을 향하고 있는가'를 비교해 보고 그 차이를 아는 것은 '지금 무엇을 하지 않으면 안되는가'를 생각하는 의미에서 대단히 도움이 되었습니다. '공부가 되었다'라고 해도 좋을지 모르겠습니다.

시코쿠의 도쿠시마에서 자라, 이윽고 도쿄에 나갔더니 '상식'이라고 하는 것이 상당히 유별나다는 인상을 나는 받았습니다.

간단히 말하면 '신앙심이나 저 세상 등, 영적인 것에 대해 드러내서 말해도 별로 받아들이지 않는다'라는 느낌일까요? 코팅되어서 물이 튕겨나가는 것 같은 느낌이며, 미끈해서 전혀 받아들이지 않는 것 같은 느낌이었습니다.

학문에서도 과학에서도, 혹은 도시문명에서도 대체로 그런 면이 있었다고 봅니다.

또 '일본 이외의 나라에서도, 선진국에서는 그러한 점이 대단히 강한 것이 아닐까'하는 인상을 받았습니다.

더 이야기를 한다면 다음과 같은 것을 말할 수 있습니다.

현대에서 예를 들어 '영계', '저 세상'이라든지 '하느님', '부처님', 혹은 '고급령', '보살', '여래'라고 하는 말은 학문적으로는 완전히 사멸해 가고 있으며, 그런 것은 '없는 것'으로 여겨지고 있습니다.

그리고 '눈에 보이는 이 세상만을 그럭저럭 좋게 하고 쾌적하게 해서 행복하게 살아가는 것이 인간의 목표, 인류의 목표다'라고 생각하는 것이 주류가 되고 있습니다.

여러 학문이 있고 여러 전문이 있지만, 어느 것이나 '지구 표면상에서 일어나고 있는 일이 전부'와 같이 보여서, 우주를 보아도 '천체 망원경으로 보이는 세계가 전부'라는 식으로 보고 있어서, 이것이 '열린 세계'라고 생각하는 사람이 다수인 것입니다.

2차대전 후의 일본인의 신앙심은 '운수를 점친다'라는 수준

2016년 4월에 낸 후쿠다 다케오福田赳夫 전 총리의 영언 '머리말'에도 써 두었습니다만(《자민당 제군에게 고하는 후쿠다 다케오의 영언》, HS정경숙 간행 참조) 미국에서 설문조사를 하여 '당신은 신을 믿습니까'라는 질문을 직설적으로 하면 98% 정도의 사람이 '믿습니다'라고 대답하는 경우가 많았던 것 같습니다.

조사에 따라 조금 다른 것도 있습니다만, 대체로 98% 정도의 사람이 '신을 믿습니다'라고 대답하고 '믿지 않는다'라고 대답하는 사람은 2%밖에 안 됩니다.

한편 일본에서는 '당신은 신을 믿습니까'라고 질문할 경우, '믿습니다'라고 대답하는 사람은 십 몇 퍼센트입니다. 그러한 답은 15% 전후 정도밖에 돌아오지 않습니다. 진지하게 '신을 믿습니까'라고 물으면 10~20%의 사람밖에 '믿습니다'라고 말하지 않습니다.

그런데 '당신은 정월에 신사에 참배하러 갑니까', '백중에는 성묘를 합니까', '부적 등을 믿습니까', '액막이를 받거나 하고 싶어질 때가 있습니까' 등의 형태로 질문하면 절반 이상의 사람은, '그런 일이 있습니다'라고 대답합니다.

'하느님을 믿지 않는다. 부처님을 믿지 않는다'라고 해도 '합격 기원'이나 '교통안전 기원' 등의 부적을 가지고 있거나 하는 것입니다.

신도 부처도 없으면 그런 것을 가지고 있어도 의미가 없다고 생각됩니다만 '운수를 점친다'라는 수준 정도의 희박한 신앙심이라면 '지금 이 세상의 진화에 따라 갈 수 있고, 공존할 수 있는 정도의 범위로 지낼 수 있다'라는 느낌일까요? 그것이 지금 일본의 상식이 아닐까 생각됩니다.

하지만 이것은 세계의 상식에서 보면 상당히 빗나간 것입니다.

다만, 결코 옛날부터 이랬던 것은 아닙니다. 제2차 세계대전 후 이 풍조가 극히 강해졌습니다. 새로운 헌법이 생기고, 정치와 종교분리가 결정되고 '학교교육에서부터 종교를 추방한다'라는 일이 시행되고 나서부터 종교는 일종의 미신 취급을 받아 왔습니다만, 그 이전에도 전부 그랬던 것은 아닙니다.

즉, 2차대전 후의 70년 남짓이 '이질적'인 것입니다. 그 전의 일본인은 '신을 믿습니까'라고 질문하면 지금의 미국인이 대답하는 것처럼 98% 정도의 사람은 '하느님이나 부처님 정도는 있어도 당연하겠지요'라고 대답했을 것입니다.

전쟁에서 패한 나라의 가치관이 전부 틀렸는가 하면 그럴 리는 없습니다. '거기까지 자학적인 상태가 되어서는 안된다'라는 것을 말씀드리고 싶습니다.

일부 물질문명 속에서 이기고 지는 면이 생길 수는 있습니다만 '그것에 의해 지금까지 가지고 있던 전통이 전부 부정당하거나, 믿었던 것이 전부 무너지거나 한다'라는 것은 지나치며, 역시 제대로 되돌려져야 하며, 원래대로 돌아가지 않으면 안되는 것입니다.

영언집을 몇백 권이나 내서 영인들의 개성의 차이를 제시하고 있다

'그러한 마음이 되어 주셨으면 한다'라고 바라고 30년 동안 행복의 과학 활동을 해왔습니다.

나 자신, 설법을 많이 하고, 또 이론적인 책을 많이 내왔습니다만, 그 이외에도 영언집이라고 하는 것을 상당수 내왔습니다. (2016년 11월 현재 공개 영언 시리즈는 400종류를 넘었다).

'영언집을 내지 않아도 총재의 생각으로서 가르침을 설하면 충분하지 않은가'라고 말하는 분도 있고, 나도 그렇게 생각하여 십몇 년 동안 새로운 영언집을 내지 않았던 시기도 있었습니다.

하지만 세대가 바뀌어 성인이 된 사람 중에 '영언'이라는 것을 모르는 사람이 늘어나기 시작했습니다.

'저 세상이 있어? 죽어도 인간으로서 가졌던 개성이 그대로 남아 있다는 일이 있는 겁니까? 뇌가 혼이 아닙니까? 뇌가 정지하면 인간으로서 끝나는 것이 아닙니까'라고 생각하고 이 부분을 '당연한 일이고, 상식이다'라고 생각하는 사람이 부쩍 많아졌습니다.

'혼이나 저 세상 등으로 생각하는 것은 뇌나 신경작용이다'라고 생각하는 사람이 많은 것입니다만, 화장터에서 불태워지고 나서도 사고력이 남아 있다면 '그렇지 않다'고 하게 될 것입니다. 그래서 영언집을 많이 세상에 내놓고 있는 것입니다.

그 가운데에는 내 생각과는 다소 벗어난 의견도 있습니다. 그 사람 특유의 생각이 있어서 내 생각과는 벗어난 것도 있습니다.

그런 의미에서는 '교리의 통일'은 어려워집니다만 '이 세상에서 개성이 다른 것처럼, 죽어서 저 세상으로 돌아가도 개성의 차이는 그대로 있다'라는 것을 가르치기 위해 많은 영언집을 내왔습니다.

그것은 여러분은 금생에 태어나서 몇십 년인가의 인생을 살다가 이윽고 저 세상으로 돌아갑니다. '여러분은 죽어서 육체가 화장터에서 불태워져 무덤에 묻히면 그것으로 끝은 아닙니다'라는 것을 뜻하는 것입니다.

이것은 아주 큰 것입니다.

신앙심에는 이 세상을 선량하게 하는 힘이 있다

'죽어서 화장터에서 불태워져서 무덤에 묻혀서 그것으로 끝'이라면 '남은 시간으로 어쨌든 자기가 만족할 수 있도록 쾌적하게, 이기적으로 살면 된다'라고 생각할지도 모르겠습니다만, '만일 죽어서 끝이 아니었다고 하면 어떻게 할 것인가'라는 관점에서 생각한다면 인생은 바뀌는 셈입니다.

나아가 한 발 더 진전시켜서 말한다면, 옛날 사람이 말하던 것처럼 '돌아가신 할아버지나 할머니가 보고 계세요'라는 데에서부터 시작되어 '하느님, 부처님이 당신의 인생을 보고 계세요'라는 표현 방법도 있습니다.

이것은 '지금은 비웃는 사람이 대부분일 것이다'라고 생각되는 일이겠지만, 만일 이것을 '정말이다'라고 해서 '하느님, 부처님이 보고 계시다', '돌아가신 할아버지나 할머니가 내 평생을 지켜보고 있다'라고 생각해서 살아간다면, 나쁜 짓을 좀처럼 그리 간단히는 할 수 없을 것입니다.

아이라도 마찬가지입니다. 중학생이나 고등학생으로 '편의점에는 야간에 점원이 한 명밖에 없기 때문에, 두 개나 세 개 정도의 상품을 가지고 가도 모를 것이다'라는 마음이 있었다고 해도, 문득 '역시 할아버지가 보고 계실지도 모르겠구나'라고 생각하거나 '부처님은 간과하지 않으시겠구나'라고 생각하거나 해서 그것을 그만두려고 하는 힘이 작용하게 되는 일이 있습니다.

이러한 것이 실은 신앙심의 힘입니다. 신앙심에는, '이 세상을 선량하게 하고 도덕적으로 추진해 가는 힘'이 있는 것입니다.

'자기가 아닌 자가 자기를 지켜보고 있다. 다른 사람이 보지 않아도 다른 세계로부터 자기를 지켜보는 존재, 자기의 평생을 지긋이 지켜보는 존재가 있다'라고 생각함으로써 자신의 인생을 바로잡을 수 있게 되는 셈입니다.

다만 '훤히 다 드러나서 감시카메라로 주시되고 있다'라는 식으로 느껴진다면 인생은 자유롭지 못하므로, 그것을 모르도록 되어 있습니다. '자기가 하는 모습이 주시되지 않았다'라고 생각하며 살아갈 있을 수 있게 되어 있는 것입니다.

하지만 때때로 그런 것을 영감으로서 느끼거나, 자신의 부모님이나 친척 등으로부터 그러한 종교적인 이야기를 듣거나 할 때가 있어서, 그것으로 문득 알아차릴 때가 있습니다.

그러한 것의 존재를 잊지 않도록 하는 것은 정말 중요합니다. 그와 같은 '종교심', '신앙심'이라고 하는 것은 매우 중요합니다.

02
선악을 나누는 두 가지 방향

매일 유령을 상대하는 나도 공포영화는 무섭다?

지금 일본에서 퍼지고 있는 '영적인 것'이나 '종교적인 것' 가운데에는 유감스럽게도 누구라도 무서워하는 내용을 가진 것이 대단히 많습니다.

나는 매일 같이 영언을 녹화하거나 저 세상 사람과도 실제로 대화를 합니다. 그리고 그것을 책으로 내거나, 영상으로 공개하고 있습니다. '그와 같은 인간은 저 세상 사람 따위는 별로 무섭지도 아무렇지도 않을 것이다'라고 생각할 것입니다. 공식적으로는 그렇습니다. 전혀 무섭지도 아무렇지도 않습니다.

다만, 그런 나도 '링'이라든지 '나선'이라든지 '착신아리'라든지 '엑소시스트'라든지, 그러한 호러 계통의 영화를 보고 있으면 역시 무섭습니다. '무섭다, 무서워. 오싹오싹한다'라고 느끼게 됩니다.

하지만 문득 정신을 차리고 '나는 매일 유령을 상대하니까 무서워해서는 안된다'라고 생각할 때가 있습니다. '그런 것을 만드는 사람은 겁을 주자고 생각해서, 영에 대해서는 이야기로서는 들었을지 모르지만, 잘 모르는 채 만들고 있는 것이다. 매일 저 세상 사람과 대화를 하는 내가, 그런 사람이 만든 영화를 보고 무서워해서는 안되겠구나'라고 생각하는 일이 있습니다.

다만 때때로 일을 하다가 '이 세상은 상당히 힘들다. 어렵구나. 이제 어떻게 할 수도 없겠구나'라고 느낄 때에, 만든 것이기는 하지만 호러 계통의 영화를 보면 몸서리라고 할까, 몸이 떨려서 '이 것은 싸우지 않으면 안되겠다'라는 마음이 들 때도 있으므로, 그런 것의 효능이 전혀 없다는 것은 아닙니다.

악마를 퇴치하려면 깨달음에 수반되는 법력이 필요하다

특히 엑소시스트 계통의 영화에서는 바티칸이 공인한 엑소시스트들이 악마와 싸우면 대개 연달아 지는 이야기로 되어 있습니다.

등장인물들은 창문에서 떨어지거나, 계단을 굴러 떨어져서 죽거나 합니다만, 매우 한심해서 화가 납니다.

나도 악마를 많이 상대한 적이 있습니다만, 나는 저렇게 약하지 않습니다. 영상으로 본 분도 있겠지만, 대개 몇 초 정도로 격퇴시키고 있으므로 간단합니다. '나가라!'라고 말하면 나가 버립니다 (악마의 영언을 수록할 필요가 있는 경우에는 악마를 넣어서 대화할 때도 있지만, 영언 종료 후, 몇 초 만에 악마를 격퇴한다. ≪엑소시스트 입문≫, 행복의 과학 출판 간행 등 참조).

그만큼이나 힘의 차이가 있으므로 영화처럼 당하지는 않습니다.

영화에서는 바티칸이 공인한 엑소시스트들이 라틴어 ≪성서≫를 읽고, 십자가를 걸고, '성수'라고 하는 물을 뿌려도, 악마는 웃으면서 전혀 나가지 않는 것입니다.

하지만 정말로 '깨달음'을 가지고 있어서 그 깨달음에 수반하여 '법력'이 있으면 악령, 혹은 사악한 영, 악마라고 하는 것이어도 격퇴시킬 수 있습니다.

깨달아서 매일 그것을 실천하는 사람에게는 일종의 힘이 붙게 됩니다. 선정을 하면 '선정력'이라고 하는 것이 따라오는 것처럼, 여러 수행을 하면 힘이 붙게 되는 것입니다.

시코쿠에서는 코보대사의 밀교가 유행하고 있습니다만, 코보대사의 일생도 아마 '엑소시스트의 일생'이었을 것으로 생각됩니다. 여러 악마 퇴치를 많이 하고 있었을 것으로 생각됩니다만, 나는 그것을 정말 잘 알 수 있습니다.

'타인의 행복과 불행의 어느 쪽을 바라는가'가 인간의 방향을 정한다

죽어서 성불하지 못한 사람, 예를 들면 교통사고로 세상을 떠났거나, 위급한 병으로 세상을 떠나거나 해서 헤매는 사람의 영이 나오는 것은 흔히 있는 일이며, 이상한 일도 아닙니다. 다만, 그 깊숙한 곳에 있으면서 그러한 영들을 지옥으로 끌어들이려고 하거나, 혹은 그러한 영들을 어떤 가정에 풀어 놓고 그 가정을 더 불행하게 하여 엉망진창으로 만들려고 하는 영인靈人이 있습니다. 그런 짓을 정말 계획적으로 생각하고, 뒤에서 조종하는 영인이 있는 것입니다.

이러한 사람과 대결할 때도 있습니다만, 역시 용서하기 힘든 면은 있습니다.

자기 혼자 불행한 것에 대해서는 다 받아들이지 않으면 안되는 면은 있을지도 모르겠습니다만, 자기가 행복해질 수 없을 때에, 적어도 타인을 불행하게 하고 그것을 비웃으면서 쾌감을 맛보려고 하는 사람이 세상에는 있는 것입니다.

그 예를 들면, 자기는 돈벌이에서 성공하지 못했지만, 타인이 돈벌이에서 실패하거나 파산하거나 도산하거나 하면 '꼴좋게 됐군'이라고 하면서 기뻐하는 사람입니다. 혹은, 자기의 병이 낫지 않을 때, 옆의 아무개 씨가 암에 걸려 죽었다고 듣고 '꼴좋다'라고 생각하는 사람입니다.

그와 같이 타인의 불행을 보면 가슴이 후련해지거나 '용서할 수 있다'라는 기분이 들거나 하는 사람은 역시 있다고 봅니다.

다만 '이것은 인간으로서 생각한다면 역시 최악의 마음이다'라는 것을 몰라서는 안될 것입니다.

환경이나 정치제도, 주변의 영향에 의해 자기가 행복해질 수 없을 때도 있고, 우연히 가정이 풍요롭지 못한 경우도 있습니다만, 자기가 풍요롭지 못한 것, 혹은 현재 행복감을 얻을 수 없는 것에 대해서는 어떤 이유가 있을 수도 있습니다.

그런 것도 역시 잘 생각해야 합니다. 그것을 가지고 '다른 사람의 불행을 바라는 마음' 쪽을 향해 간다면 이것은 소위 '악령'이나 '악마'의 마음과 통하는 것입니다. 그것을 몰라서는 안됩니다.

원리는 간단합니다. 그다지 크고 어려운 것은 아닙니다.

'다른 사람의 행복을 바라는 방향'으로 생각하고 있는가? '다른 사람의 불행을 바라는 방향'으로 생각하고 있는가? 어느 쪽을 바라느냐가 인간의 방향을 정하는 것입니다.

더 간단히 말한다면, 타인의 행복을 바라면서 수십 년의 인생을 살았던 사람들은 기본적으로 천국이라고 하는 세계로 돌아가게 되어 있습니다.

저 세상의 천사나 보살들도 그런 사람이 세상을 떠나면 제대로 '맞이하러' 와서, 가야 할 곳으로 데리고 갑니다.

그런데 살아있었을 때, 뭔가 타인의 불행을 바라고 있어서, 실제로 거기에 가담한다거나, 악령이나 악마들이 하는 짓을 이 세상에 살면서 함께 행하는 사람이 있습니다.

예를 들면, 집단학대입니다. 영화 '천사에게 아임 파인'에도 집단학대의 문제가 나왔습니다. 주변에서 몇 사람이 집단학대를 하고 있을 때 '그런 짓을 해서는 안된다'라고 생각하면서도 자기도 참가함으로써 쾌감을 느끼는 사람이 있습니다. 혹은 '집단학대에 참가함으로써 자기가 괴롭힘을 당하지 않게 된다'라고 생각하여 왕따를 하는 아이들 그룹에 들어감으로써 자신을 지키려고 하는 비겁한 마음을 가지고 살아가는 사람도 있습니다.

어느 쪽도 마찬가지여서, 역시 타인의 불행을 바라는 방향으로 끌어들여지게 됩니다.

선악이라고 해도 기본적으로는 이런 것입니다.

다른 사람의 행복 쪽을 선택하려고 할 것인가? 다른 사람을 행복하게 만들도록 자기의 인생을 만들어 내고 싶은가? 그러한 인생을 살고 싶은가? 그런 일을 하고 싶은가? 아니면, 반대로 다른 사람의 불행을 바라는 방향으로 살고 싶은가? 이 두 가지로 크게는 나눠집니다.

세세하게는 각각의 경우로 분류하는 방법이 여러 가지가 있다고 봅니다만, 기본적으로는 이런 것입니다.

다른 사람의 행복을 바라는 인간을 지상에 늘려 간다

행복의 과학이 목표로 삼는 '인류의 행복화'란 어떠한 것이겠습니까?

우리는 기본적으로 '다른 사람의 행복을 늘려 가는 것을 바라는 인간'을 이 지상에 늘리려 하고 있습니다.

'세상을 나쁘게 하자'라든지 '타인을 불행하게 하자'라든지, 그런 마음이 되어 '그것이 당연하니까'라고 생각해서 그쪽으로만 가버려서는 안됩니다.

인간이 가지고 있는 동물성이라고 할까, 동물적 본능으로서는 당연히 자기의 몸을 지키고 다른 사람을 차서 떨어뜨리거나, 그

114

런 것을 생각하거나 합니다.

　동물은 전부 '잡혀 먹히는 공포'로 가득합니다. '잡혀 먹히는 공포'와 '굶어 죽는 공포'가 동물들이 가지고 있는 기본적인 공포입니다. 이 두 가지에서 벗어날 수는 없습니다. 평생 '굶주리는 공포'와 '잡혀 먹히는 공포', '죽임을 당하는 공포'로 가득합니다.

　그것이 인간세계에서도 퍼지고 있는 셈입니다.

　하지만 우리는 한층 더 고도의 존재로서 역시 선악의 관념을 확실하게 가져야만 할 것입니다.

　선악은 개별적이고 구체적으로는 어려운 것이 있어서 뭐라고 할 수 없는 면은 있습니다만, 크게 말하면, 앞에서 서술한 것처럼 '다른 사람들을 그 방향으로 끌고 가는 것이 다른 사람들을 행복하게 하는가, 불행하게 하는가, 그것을 잘 생각해서 살아가라'라는 것입니다. 원점은 여기 있습니다.

03
정치문제를 종교의 입장에서 생각한다

'자위대원의 목숨을 지켜라!'라고 말한 민진당 간부

'선악'은 크게 말하면 그런 것입니다만, 개별적으로 보면 어려운 문제도 있습니다.

종교단체의 대부분은 지금 정치문제로서는 '반전反戰', '평화', '환경보호' 등에 착수하고 있어서 그쪽을 지원하는 방향으로 가는 단체가 다수입니다. 승려들도 그렇고 신흥종교도 기독교도 다수는 그렇습니다.

'반전', '평화', '환경보호', '오키나와의 듀공Dugong을 보호하라'는 등의 말은 들었을 때 느낌이 좋아서, 호소하면서도 기분이 좋을 것입니다.

한편, 예를 들어서 '전쟁 법안'이라고 말해지는 미국과 일본이

공동으로 군사 행동을 취할 수 있도록 하는 안보 법안은 '좋지 않다. 전쟁에 말려들 것 아닌가'라고 말해지거나 합니다(안전보장 관련법은 2015년 9월 30일 공포, 2016년 3월 29일부터 시행되었다).

민진당民進黨의 정조회장政調會長이 '자위대원의 목숨을 지켜라!'라고 한 것을 듣고 나는 너무나 깜짝 놀랐습니다.

'자위대원이 일본 국민의 목숨을 지키는 것이 아니었습니까'라고 생각하면서 순간 내 귀를 의심했습니다.

예를 들면, 화재가 많이 발생할 때 '소방대원의 목숨을 지켜라'라고 말하며 열심히 소방차 앞에서 연설하는 사람이 있다면, 보통은 '무슨 소리를 하는 겁니까? 화재로 불타는 곳에 와서 목숨을 걸고 사람을 살려내는 것이 소방대의 일이잖아요? 불을 끄는 일을 하는 것이 소방대의 일이잖아요?'라는 말을 들을 것입니다.

'소방대원의 목숨을 지켜라. 출동하면 안된다!'라고 말하는 사람이 있다면 '좀 이상한 게 아닐까'라고 생각하는 것이 상식입니다.

그와 같이 생명의 위험을 수반하는 직업은 세상에는 또 있습니다.

경찰관도 그렇습니다. '경찰관의 목숨을 지켜라'라고 말한다면 경찰관은 위험한 곳에는 갈 수 없게 됩니다. '지금 칼을 든 남자가 집에 침입했습니다. 급히 와 주세요!'라는 신고를 받았는데도 경찰관이 '나도 무서우니까 가지 않겠습니다'라고 말한다면 일이 되지 않습니다. 이래서는 단순한 '세금도둑'입니다. 그렇다고밖에 말할 수 없습니다.

직업에 따라서는 다른 사람들을 지키기 위해 생명의 위험을 수반하는 활동을 하지 않으면 안되는 사람도 있는 것입니다.

종교계통의 사람들이 악에 대해 착각해서는 안되는 것

종교에서 말한다면 우리도 그렇습니다.

앞에서 서술한 것처럼 이 세상 사람이 죽어서 성불하지 못했을 경우도 있습니다. 그것은 흔히 있는 일입니다만, 그것 이외에 (살아 있는 사람 중에서) 커다란 야심을 품고 이 세상을 나쁘게 하려는 사람들이 움직일 때에는 역시 이것을 막으려고 해서 실제로 행동을 일으키지 않으면 안될 때도 있습니다.

그것을 위해서는 '개인의 힘'만으로는 안되고 많은 사람들의 '집합의 힘'이 필요합니다. 많은 사람들의 생각을 모으고, 그 나쁘게 하려고 하는 '방향성'을 바꾸어 가지 않으면 안됩니다.

그 부분을 착각해서는 안된다고 생각합니다. 잘 생각해 주십시오.

'평화'나 '환경보호'를 호소하는 사람들은 있고, 종교계통의 사람들도 그러한 말을 하는 것을 대단히 좋아합니다. 나도 될 수 있으면 그 말을 해보고 싶다고 바라고는 있습니다.

하지만 그 결과, 최종적으로 비겁한 자기를 만들고, 다른 사람들의 행복에 대해서는 아무래도 좋고, 무관심해져서 '그저 자기 일만 하면 된다'라는 기분이 들게 된다면 문제가 있는 것이 아니겠습니까?

이 부분은 좀 더 현명해지지 않으면 안되는 것이 아닐까 생각됩니다.

지진이 다발할 때에는 나라가 어지러워지고 있다

지진도 현재 지금의 주제이기는 합니다만, 대단히 어려운 문제입니다.

지진이 일어나서 피해를 입고 세상을 떠나는 분이나 구조를 원하는 분이 있습니다. 그런 사람을 도우러 가는 것은 영웅과 같은 행위이고, 거기에 반대하는 사람은 아무도 없습니다.

행복의 과학도 지금까지 죽 식사 공급을 하거나, 급수를 하거나 해왔습니다. 이것은 당연한 일이며 전혀 비판받아야 할 것은 아닙니다.

　다만 그 원인의 부분, '왜 그러한 지진이 일어나는가'에 대해 유물론적으로만 생각하여 '단층이 있기 때문에 일어나는 것이다' 등으로 말하는 사람도 있습니다만, '좀 기다려 주세요'라고 말하고 싶습니다.

　단층은 옛날부터 얼마든지 있습니다만 '왜 그것이 지금 활발해지고 있는가'라는 면이 문제인 것이고, 그것을 우리는 조사하고 있는 셈입니다.

　일본 열도에서는 세계 지진의 10% 정도가 발생하고 있으며, 지진 자체를 막을 수 있는 것은 아닙니다만, 역사적으로 보면 지진이 다발할 때에는 역시 나라가 어지러울 때가 대단히 많았습니다.

　나라가 어지러울 때에는 '지진', '해일', '화산의 분화', '기근', '전염병' 등이 유행합니다. 그럴 때에 여러 종교가들이 나와서 새로운 가르침을 설하거나 합니다. 혹은 정치에서는 혁명이 일어나 막부幕府가 무너지고 새로운 정권으로 바뀌거나 합니다. 그러한 일이 많이 일어나고 있습니다.

　그것은 하늘에서부터 버림받은 경우라고 생각됩니다.

일본에 관계되는 신들은 세상의 개혁을 촉구하고 있다

최근에는 '한신阪神·아와지淡路 대지진'에서 시작되어 '동일본 대지진'이나 구마모토에서의 지진이라고 하는 형태로 큰 지진이 계속되고 있습니다.

지난 20년부터 25년 동안 일본은 경제 정체의 시기에 들어왔습니다만 '아무래도 천상계는 별로 좋은 생각을 가지고 있지 않는 것 같다'라는 것을 알 수 있습니다. '일본에 관계되는 신들도 이것을 별로 좋다고 여기고 계시지 않다'라는 것을 알 수 있습니다.

'이 나라는 한 단계 더 힘차게 발전하여 세계의 지도자가 되어야 할 입장에 있는데도 그것을 포기한 것이 아닐까'라는 불만이 있으신 것이 아닐까 하고 나는 생각합니다.

그런 의미에서 '세상의 개혁'을 재촉하고 계시는 것이 아니겠습니까? 그것이 우리가 포착한 영계정보입니다.

행복의 과학에 관해서 말한다면 '행복의 과학이라고 하는 것을 30년 정도 전에 입종했는데도, 아직도 이런 상태인가? 이 정도밖에 진행하지 않았는가? 무엇을 하고 있는 거냐'라고 오히려 꾸중을 듣고 있는 것이 아닐까 생각하고 있습니다.

'30년이 지나서 아직 이런 상태인가? 더욱 더 세상의 개혁을 할 수 있는 줄 알았는데 진전되지 않았는가'라고 묻고 있는 것이 아닐까 생각되어, 나 쪽에서는 책임을 느끼고 있습니다.

한 단계 더 크게 요동치는 힘이 있어도 좋고, 그러한 힘이 일본안에서 끓어오르지 않는다면, 세계까지는 좀처럼 손길이 미치지 않는 것이 현실입니다. 이 분한 느낌을 뭐라고 말하기 어렵습니다.

도쿠시마 현에는 '엘 칸타아레 공항'이 있어도 좋다

시코쿠에 사는 여러분은 '구마모토나 오이타 부근에서 단층이 움직여서 지진이 많이 일어나고 있다. 중앙 구조선中央構造線은 에히메 현愛媛縣의 마츠야마松山 부근이나 도쿠시마 현의 요시노가와吉野川 부근까지 이어져 있으므로 그 부근 전체에서 지진이 일어나 시코쿠가 반 정도로 갈라지는 것이 아닐까'라는 것을 망상하며 무서워하는지도 모르겠습니다.

그러나 시코쿠는 내가 생탄한 땅입니다. 그런 것은 허용하지 않겠습니다!

이제부터 행복의 과학의 기본적인 사상이나 사고방식, 인류를 행복화하기 위한 에너지를 세계에 흘려보내고 싶습니다.

그 중심지, 발신지이며, 나의 요람이라고 할까, 출생한 땅에서 발판이 '약하다'는 것은 역시 뭐라고 할 수 없는 것이 있습니다.

예를 들면 고치高知에는 '고치 료마공항'이 있고 도쿠시마에도 '도쿠시마 아와오도리 공항'이 있습니다만, '아와오도리(아와 춤)'가 아니어도 좋지 않겠습니까? '도쿠시마 엘 칸타아레 공항'이라고 하는 명칭이어도 전혀 나쁘지 않다고 생각되고, 세계 사람들에게는 그 쪽이 알기 쉬운 것이 아닐까 하고 생각됩니다.

'그렇게 생각하는 정도까지 하지 않는다면 도쿠시마의 신자, 혹은 시코쿠의 신자로서는 힘이 조금 부족한 것이 아닐까'라는 느낌이 듭니다. 내가 내 고향에서부터 그러한 강한 후원을 받는다면 정말 기쁘게 느낄 것입니다.

나는 시코쿠 출신이고, 도쿠시마 현 출신이므로, 도쿠시마에 불리한 것은 생각하지 않을 작정입니다만, 아직 그만큼의 신뢰를 충분히 받지 못했기에 유감스러운 마음이 가득합니다.

내 강연회 가운데에서 예를 들면 7월의 '생탄제'나 12월의 '엘 칸타아레제'는 지방 텔레비전 방송국에서는 지금 6~7개 방송국 정도에서 방송되고 있습니다만, 아직 내 고장 부근에서는 방송되지 않아서 '텔레비전 와카야마和歌山'를 보지 않으면 안되는 것이 아닐까 하고 생각됩니다.

'아직 그 고장의 들끓는 열기가 다소 약한 것이 아닐까'라는 느낌이 들기에 한 단계 더 '본거지의 강함'이라고 하는 것을 보여주었으면 하고 바랍니다.

천리교는 나라 현奈良縣에 덴리시天理市가 생길 정도의 강함을 가지고 있으므로 '본거지의 강함과 같은 것이 있어도 좋지 않을까'라는 마음은 가지고 있습니다.

04
전도를 통해서
구원의 기회, 깨달음의 실마리를 준다

이 세상과 저 세상 사이의 울타리를 뛰어넘어 진리를 붙잡아라

내가 말하고 싶은 것을 정리하겠습니다.

처음에 '진실은 뭔가'를 확정하지 않으면 안됩니다.

이 세상에서 살고 있는 사람은 학교에서 받은 교육만으로는 '인간은 혼이 있는 존재인가, 육체만의 존재인가'는 알 수 없고, 학교교육에는 '눈에 보이는 것, 육체만이 자기 자신이다'라고 가르치는 경향이 나타나고 있습니다.

'육체가 자기다'라는 생각 속에서 도덕을 설해도 그것은 교통법규를 가르치는 정도에 지나지 않는 경우가 많아서 정신성이 충분하지 않습니다.

정신성을 높이기 위해서는 '진실한 세계'에 대해 가르치지 않으면 안되는 것입니다.

따라서 교육자나 사회적 지위가 있는 분들이 제대로 된 신앙심을 가지고 있는 것이 대단히 중요합니다. 그러한 훌륭한 분들이 '진실한 세계'에 대해 공부하여 제대로 알아주시면 좋겠습니다. 그리고 지식계급에 몸담은 분도 공부해 주시기를 바라고 있습니다.

근대의 원리 중에서는 어쨌든 과학적으로도 '의심'이라고 하는 것을 중심으로 두기도 하고, 저널리스틱하게도 '의심하고 의심해서 진리를 붙잡는다'라는 사고방식이 제법 강하게 나타나 있습니다.

하지만 의심하는 것만이 진리를 얻는 방법은 아닙니다. 진리라고 하는 것에는 단숨에 뛰어들지 않으면 얻을 수 없는 면도 있습니다.

이 세상과 저 세상 사이에는 울타리가 있어서 그 울타리를 뛰어넘지 않으면 안됩니다. 혹은 도랑이라고 할까, 산골짜기를 뛰어넘지 않으면 안되는 것입니다. 과감하게 뛰어넘지 않는 한, 붙잡을 수 없는 면이 진리에는 있습니다.

'신앙을 가진다'란 그런 것입니다. 어디선가 뛰어넘지 않으면 안됩니다.

그런데 어떻게 보아도 산골짜기 폭이 상당히 깊어 보여서 뛰어넘으려고 하면 떨어질 것 같이 생각되기 때문에 뛰어넘지 못하는 것입니다. 이것이 보통 인간입니다만, 이 세상적인 생각에 의해 독을 먹는 동안에 점점 그것이 대단히 어려운 일처럼 느껴져서 '저쪽으로 가면 무서운 일이 일어나는 것이 아닐까'라고 생각하는 면이 있습니다.

하지만 '진리는 무엇인가'를 확신했다면 그 진리를 꽉 붙잡지 않으면 안되는 것입니다.

나와 석존에게 공통되는 '과거, 현재, 미래를 꿰뚫어보는 눈'

이미 학문도 쓸모없게 되어왔습니다만, 물건을 다루는 유물론적인 학문만이 쓸모없게 된 것은 아니고, 종교학이나 불교학 등도 쓸모없게 되었습니다. 이것도 이미 철학처럼 되고 말았습니다.

2500년 훨씬 전의 석존의 가르침도, 인간의 머릿속에서만 생각하는 철학이 되어서 철학만 하고 있는 형태가 된 것입니다.

불교계 대학이 있어도 거기에서 가르치는 것도 그런 것입니다. '어쨌든 좌선의 작법을 지켜라'라든지 '염불을 외워라'라든지 '나무묘법연화경이라고 외워라'라든지, 우선 형태를 만드는 것까지는 가르칩니다만 내용이 없습니다. 내용에 대해서는 믿지 않는 것입니다.

예를 들면 '석존은 요가 수행자처럼 좌선을 하고 있었을 뿐이다'라고 생각하여 '검소하게 생활하며 좌선을 하고 있으면 그것으로 다 되었다'라는 식으로 생각하는 사람이 제법 많습니다.

하지만 그것은 잘못되었습니다.

확실히 좌선을 하거나 정신통일을 하고는 있었습니다만, 석존의 인생을 살펴보면 '보리수 아래에서 깨달음을 얻었을 때 삼명三明을 얻었다. 세 가지 밝은 빛을 얻었다'라고 분명히 쓰여 있습니다.

삼명이란 '과거를 꿰뚫어보는 눈', '현재를 꿰뚫어보는 눈', '미래를 꿰뚫어보는 눈'의 세 가지를 말합니다. '깨달았을 때에 과거, 현재, 미래를 알 수 있게 되었다'라고 불전에 분명히 쓰여 있습니다. '삼명을 얻는다'란 그런 것입니다.

'과거를 안다'란 어떤 것이겠습니까?

행복의 과학 회원, 신자 여러분은 보셨겠지만, 행복의 과학 지부나 정사에서는 내가 행한 '과거세 리딩'의 영상을 볼 수 있습니다.

그 가운데에서 나는 대상자에게 '전세前世는 어땠는가? 그 전에는 어땠는가? 어떠한 카르마(업장)를 가지고 있는가'라는 것 등을 리딩(영적 조사) 하였습니다.

그 가운데에서는 '이번 생애는 여성이지만, 전세에서는 남성이었다', '이번에는 남성이지만 전세에서는 여성이었다', '전세에서 이런 일을 하고 있었다'라는 것이 많이 나옵니다. 이것은 '과거를 보고 있다'는 것입니다.

그리고 '그것이 지금 어떻게 영향을 주고 있는가'를 생각합니다. 예를 들면, 가정 또는 친족의 문제가 일어나고 있을 때, '여기에는 지금 이러한 것이 영적으로 작용하고 있다'라든지 '이러한 원인이 있다'라든지, 이러한 것을 간파합니다. 이것은 '현재를 보는 눈'입니다.

혹은 '세계정세가 앞으로 어떻게 될 것인가'를 볼 수도 있습니다. 예를 들면 '중국의 시진핑 씨의 마음속은 어떤가' 등을 꿰뚫어 봅니다. 이것도 '삼명' 가운데의 '현재를 보는 눈'입니다.

'시진핑 씨는 지금 마음속에서 이런 것을 생각하고 있다'라든지(≪세계 황제를 꿈꾸는 남자≫, ≪중국과 시진핑에게 미래는 있는가≫, 모두 행복실현당 간행 참조), '도널드 트럼프 씨는 지금 이런 것을 생각하고 있다'라든지(≪수호령 인터뷰 도널드 트럼프 미국 부활을 향한 전략≫, 행복의 과학 출판 간행 참조), 이런 것을 간파하는 것이 종교자의 힘입니다. 다른 사람들의 마음속을 읽을 수 있는 것입니다.

나아가서는 '미래를 꿰뚫어보는 눈'으로 '미래는 어떻게 될 것인가'를 읽을 수 있습니다.

그리고 미래를 읽을 수 있으면 '인간이 살아가는 모습이나 인류의 미래는 그것으로 좋은가 아닌가'를 생각하여 '좋지 않다'라고 생각한다면 그것을 전환할 사상을 발신하지 않으면 안됩니다. 사고방식을 내고 '이쪽으로 가라. 이러한 사고방식으로 바꾸어라'라고 말하지 않으면 안됩니다.

이러한 것이 '삼명'입니다만, '석존은 깨달음을 얻었을 때 삼명을 얻었다'라고 말해지는 것입니다.

육대 신통력을 얻어서 원격투시 등을 할 수 있었던 석존

또 석존은 그 외에 '육대 신통력을 얻었다'라고도 말해집니다. 육대 신통력에는 여러 가지 능력이 있습니다만 어느 것도 영능력에 관계되는 것입니다.

영능력에 관계되는 신통력을 얻은 사람이 '저 세상은 없다. 신도 고급령도 존재하지 않는다. 죽으면 뭐든지 다 끝이다'라는 가르침을 설했을 리가 없습니다.

그와 같이 근본적이면서 당연한 것을 대학자나 훌륭한 지위에 있는 승려들이 알 수 없게 되는 것입니다.

석존의 시대에는 지금과 같은 교통기관이 없었기 때문에 정사
精舍와 정사 사이를 돌아다니면서 전도하고 있었습니다만, 그것
이 지금 '회봉행回峰行'이라고 하는 산 속을 돌아다니거나 하는 수
행이 되어 있기도 합니다. 하지만 그것은 겉모습만을 보고 있을
뿐입니다.

그리고 좌선을 하는 사람도 겉모습만을 보고 있어서 내용 쪽
을 보지 못하고 있습니다.

석존은 대체 어떠한 체험을 했겠습니까?

실은 '명상에 의해 실재세계와 서로 통한다'라는 수법을 행하
고 있었던 것입니다. 그렇기 때문에 새로운 지혜를 여러 가지로
얻을 수도 있었고, 선정禪定을 하면서 훨씬 멀리 떨어진 곳, 몇 백
킬로미터나 멀리 떨어진 곳에 있는 사람들의 모습을 볼 수도 있
었습니다.

석존은 보리수 아래에서 깨달음을 얻었을 때 원격투시를 하고
있었습니다. 그러한 이야기가 불전에 실려 있는 것입니다.

불교에 따라다니기 마련인 사슴의 정원, 녹야원(현재의 사르나
트)이라고 하는 곳에 예전에 석존과 함께 수행을 했던 5명의 수행
자들이 있었습니다만, 몇 백 킬로미터나 떨어졌는데도 불구하고,
석존은 그것을 원격 투시하여 최초의 법을 설하여 법륜을 돌리려
고 해서 그곳을 향해 걸어갔습니다.

석존에게는 '예전에 자기와 함께 수행을 했던 사람들이 지금 어디에서 무엇을 하고 있는가'가 보였던 것입니다.

지금 내가 나타내고 있는 능력, 즉, 여러 저서나 영상 등으로 보여드리는 능력과 석존이 가지고 있었던 능력은 어느 정도 서로 비슷한 능력입니다.

다만 약간 다른 면도 있습니다. 나는, 예를 들면 '우주인 리딩'(살아 있는 사람의 잠재의식 속에서 과거의 전생에 우주인이었을 때의 기억을 읽어 내거나 하는 것)을 할 때도 있습니다만, 이것은 내용이 몇 억 년이나 전까지 가므로, 이야기가 너무 커져서 '믿을 수 없다'라고 하는 분도 당연히 있을 것으로 생각합니다.

한편 불교에는 〈자타카Jataka 이야기〉라고 하는 것이 있어서, 과거세의 이야기, 아주 옛날부터 있었다는 전생윤회의 이야기가 많이 나옵니다. 대부분은 설화식으로 되어 있어서 그 내용대로는 믿을 수 없는 것이 많습니다만 '과거세가 많이 있었다'라는 이야기를 석존은 하고 있었습니다.

석존은 리딩을 하면서 '이러한 전생윤회를 한 결과, 지금 당신에게는 이러한 혼의 경향이 나타나 있다'라고 말하고 '그러므로 지금 병이 나타나 있다'라든지 '그러므로 지금 이러한 가족문제가 나타나 있다'라든지 '지금 사이가 나쁜 두 사람이 되었지만, 전세前世에서는 원수였다. 그런 것을 상기해서 금생에서는 사이좋게 지내도록 하라'라든지, 그러한 말을 하고 있었던 것입니다.

그런 것을 안 다음에 불교의 가르침을 다시 읽어 보면 전혀 다른 면이 보입니다.

하지만 가마쿠라鎌倉 시기의 불교신자들이어도 그런 것을 거의 모르는 사람들이 많았습니다.

한편으로는 내가 볼 때 쿠카이는 상당히 영적 체험이 풍부하므로 '어느 정도까지 알고 있었던 것이 아닐까'라고 생각되는 면은 있습니다.

자기 자신의 마음을 수련하는 동시에 주변에 법을 전해 간다

내가 여러분에게 설하고 싶은 것은 다음과 같은 것입니다.

'개인으로서의 깨달음'을 추구하는 수행은 어디까지나 처음부터 따라다닙니다. '자기 자신이 깨달음을 가지고, 그 깨달음의 힘으로써 자신의 마음을 정화하고 자기 자신의 진정한 행복감을 높인다'라는 수행은 평생 따라다니는 것입니다.

그리고 '자기 자신의 마음을 어떻게 만들어 냈는가'라는 것이 죽어서 저 세상에 가지고 돌아갈 수 있는 것 자체입니다.

이 세상에서 만든 것은 전부 저 세상에는 가지고 돌아갈 수 없습니다. 저 세상에 가지고 돌아갈 수 있는 것은 여러분의 마음밖에 없습니다.

마음밖에 가지고 돌아갈 수 없으므로 '마음을 잘 연마하여 올바른 방향을 향해서 나날이 정진하고 저 세상으로 돌아간다'라는 것이 여러분 개인에 관계되는 '제1의 깨달음'입니다.

그리고 '제2의 깨달음'이란 다음과 같습니다.

인간은 혼자서 살아가는 존재가 아닙니다. 인간은 혼자서 살아가는 것이 아니라 역시 집단으로 많이 살아가는 존재인 것입니다.

그런 것을 생각하면 '지금 시대에 비슷한 환경 속에 태어나 같은 지역, 혹은 같은 직장에서 살고 있는 사람들이 있다. 우연히 인연이 있어서 지금 같은 시대에 살고 있으므로 그들에게도 구원의 기회를 주고 싶다. 그들에게도 깨달음의 실마리를 주고 싶다'라고 생각하지 않으면 안됩니다.

'법을 전한다', '가르침을 전한다'라는 행위는 '전도'라든지 '포교'라고 말해집니다만, 이것은 대단히 중요한 것입니다.

종교적인 것은 학교에서는 가르쳐 주지 않습니다. 또 옛날에는 가정에도 학교로서의 기능이 있었습니다만, 지금은 이미 가정이 학교로서의 기능을 상실하였고, 종교교육이나 혼의 교육 장소로서의 의미를 상실한 시대입니다.

'학교에서 안되고, 가정에서도 안된다'라는 것이라면, 누군가가 종교적으로 이끌어 주지 않는다면 종교의 인연에 접하지 않은 채 끝나버릴 수 있습니다. 그런 것을 알아 주었으면 합니다.

자기만이 좋아지는 것이 아니라 자기 주변에 있는 사람들도 진리의 세계에 눈을 떠서, 게다가 진리에 눈을 뜬 사람끼리 서로 협력하여 '유토피아 사회를 만들어 가자. 이 세상을 좋게 하자. 이 세상을 불국토로 만들어 가자'라고 바라고 그것을 위한 실제 활동에 힘쓰는 것이야말로 중요합니다. 그것을 말해 두고 싶습니다.

따라서 마음속에서 생각하는 것만 가지고는 안됩니다. 모처럼 이 세상에서 수행할 장소를 받은 것이기에, 이 가운데에서 유토피아를 만들어 가지 않으면 안됩니다. '이 가운데에서 어떻게 살면, 어떻게 함께 생각해서 살아가면, 세상은 좋아질 것인가'를 생각하지 않으면 안되는 것입니다.

05
생애 현역으로 사는 인생을 향해서

세금을 투입하지 않으면 공인 양로원은 성립되지 않는다

NHK(일본 공영방송)는 '노후 파산'을 다룬 프로그램을 방송하여(2016년 4월), '나이가 들면 돈이 없어져서 객사할 것이다'라는 식의 위협을 하고 있었습니다.

그것은 '부모와 자식이 같이 살고 있어도 똑같이 일어날 것이다. 부모와 자식이 같이 살고 있어도, 자식이 부모의 간병을 하지 않으면 안되기 때문에 자식이 일을 할 수 없게 되어 부모와 자식이 함께 파산하게 될 것이다'라는 내용이었습니다. 'NHK 스페셜'에서 그런 내용을 방영하고 있었습니다만, 이것은 다시 생각해야 할 문제입니다.

NHK의 결론은 무엇이겠습니까? 요컨대 '노후는 안정된 삶이

불투명하기 때문에, 세금을 쏟아 부어라'라고 말하는 것으로밖에 들리지 않는 것입니다.

또 NHK에서는 양로원 경영을 거론할 때에도, 대체로 '인가받지 않은 양로원은 허용할 수 없다'라는 식으로 부정적인 보도만 하고 있었습니다.

하지만 잘 생각해 보십시오.

'공인된 유료 양로원에 들어가면, 월정액으로 약25만 엔(설법 당시 약 300만 원)이나 필요하다' 등으로 말해집니다. 혼자 월 25만 엔이나 필요해진다면 이것은 대단히 큰일입니다. 그만큼의 돈은 좀처럼 낼 수 없을 것입니다.

한편, 월정액 약10만 엔(약 120만 원)의 요금으로 운영하는 양로원은 '인가받지 않은 양로원'이라고 해서 강하게 추궁되는 것입니다.

양로원은 지금의 제도에서는 아무리 생각해도 경영적으로 성립되지 않습니다.

우리 행복의 과학은 종교이므로 '양로원도 만들어 보고 싶다'라고 생각하여 실험을 시작하고 있습니다만(도치기 현 우츠노미야 시에서 '시니어 황금관'을 운영하고 있다), 지금의 법규라면 노인을 100명 받아들이기 위한 제대로 된 시설을 만들기 위해서는 70명 정도나 되는 직원이 필요합니다.

'100명의 노인을 돌보는 데에 70명의 직원이 필요하다'는 것이어서는 제대로 경영을 할 수가 없습니다. 이것은 경영자라면 바로 알 수 있는 일입니다. 가게를 운영하는 사람이어도 알 수 있을 것입니다.

100명을 받아들이는 데에 70명의 직원이 필요하다면 절대로 경영적으로 성립될 수가 없으므로, 그것을 성립시키기 위해서는 나중에 보조금을 많이 받는 방법밖에 없습니다. 따라서 세금을 많이 받지 않는다면 운영할 수 없게 됩니다.

요컨대 세금을 투입하지 않으면 성립되지 않는 법규를 정해 놓고, 그것으로 '양로원이 부족하다'라든지 '탁아소가 부족하다'라든지, 여러 가지로 말을 하고 있는 것입니다. 반드시 세금을 투입하지 않는 한 채산이 맞지 않도록 한 규준規準을 만들어서, 좀처럼 시설을 만들지 못하도록 해놓고, 규준을 만족한 곳에는 세금을 투입하도록 하고 있는 셈입니다.

이 세금은 어딘가에서 모으지 않으면 안될 것입니다. 요컨대 공무원은 자기들의 권력이 늘어나는 일만 생각하는 셈입니다.

이것은 대단히 부당한 일입니다. 이것을 잘 생각하는 쪽이 좋습니다.

허가와 인가 행정의 선의는 탁상공론

우리 행복의 과학에서조차 100명의 노인을 받아들이는 데에 70명이나 되는 직원이 필요하다면, 양로원을 운영할 수 없습니다.

'1만 명을 돌보는 데에 7,000명의 사람이 필요하다'라는 결과라면 도저히 할 수가 없습니다.

100만 명을 돌보는 양로원을 세우게 되면, 거기에는 70만 명 정도의 사람이 일하지 않으면 안됩니다. 이런 형태라면 젊은이들의 대부분이 양로원에서 일하지 않으면 안되게 됩니다. 그렇게 되면 다른 일은 도대체 누가 하는 것입니까? 다른 일은 할 수가 없게 되는 것입니다.

이런 상태라면 '노인을 버리는 산'이 등장할 것입니다. 버림받을 가능성이 충분히 있습니다. '나이가 드는 것은 죄가 된다'라는 말을 듣고 벌금을 부과하게 될지도 모르겠습니다. '80세가 지나면 1살마다 벌금이 부과되므로 빨리 죽고 싶어진다'라는 정책이 실시될 가능성도 없는 것은 아닙니다.

관공서는 '선의'로 하는 것이라고는 생각됩니다. 원래 '선의'로 하고 있어서 '극진한 간호를 해라'라든지 '노인에게 독실을 반드시 주어라'라든지, 그런 것을 대단한 '선의'로 생각하겠지만, 실은

'탁상공론'이며 이것은 중앙 계획 경제의 잘못입니다.

실제로 경영을 하거나, 장사를 해본 적이 없는 사람이 생각하기 때문에 이런 잘못을 저지르는 것입니다. '편리해져라'라고 생각하고 실시하고 있어도, 실제로는 자유롭지 못하게 되어가는 것입니다. 이런 일이 여기저기서 많이 일어나고 있습니다. 학교에서도 일어나고 있고, 다른 곳에서도 많이 일어나고 있습니다.

따라서 지금 필요한 것은 이러한 허가와 인가 행정의 쓸데없는 부분을 걷어내고, 민간이 실제로 할 수 있는 수준으로 우선적으로 움직여 가는 것입니다. 수요가 있다면 그 수요를 받아들여서 거기에 응하는 노력을 하지 않으면 안됩니다. 그것을 인정하는 것이 중요하지 않을까 생각합니다.

될 수 있는 한 오래 현역으로 일하다가 '팔팔운'을 목표로 한다

행복의 과학 신자에 관해서는 강한 가호를 내릴 수 있도록 노력하고 있으므로, 될 수 있는 한 오래 현역으로 일해 주셨으면 하고 바랍니다.

튜브를 끼고 10년이나 20년이나 양로원 대신 병원에 들어가거나 하지 않아도 되게끔, 그리고 '팔팔운覺'(건강하게 현역으로 살다가 죽는 것)이라는 식으로 세상을 떠날 수 있도록 '팔팔운 정심법어경'이라도 만들려고 생각합니다(행복의 과학 근본경전은 ≪불설 정심법어≫).

다른 종교는 '나무묘법연화경'이나 '나무아미타불'로 끝내고 있습니다. 그렇게 간단한 것으로 좋다면, 내가 '팔팔운 정심법어, 팔팔운 정심법어……'라고 녹음한 30분 정도의 CD를 내면 제법 '효력'이 있을지도 모르겠습니다.

지금인 채로는 역시 국가 재정이 파탄하여 필연적으로 노인을 돌볼 수 없게 될 것입니다. 이미 알고 있습니다. 따라서 이제 국가나 지방 공공단체에는 별로 의지하지 않는 쪽이 좋습니다.

될 수 있는 한 나이가 들면서 자기의 몸이 망가지기 10년 정도 전부터 조금씩 훈련을 해서 몸을 단련하고, 또 10년 후에 필요한 지식의 습득에 힘쓰지 않으면 안됩니다. 새로운 직업에 종사하여 일을 할 수 있도록 10년 정도 전부터 공부를 시작하여 준비를 해두는 것이 중요합니다. 머리를 단련하고 몸을 단련하지 않으면 안됩니다.

그리고 인간관계에 대해서입니다만, 나이가 들면 젊은 사람에게 고충이나 불평불만, 노여움이 나오기 쉬워지므로 여기를 원만하게 할 필요가 있습니다.

나이가 든 사람이 보면 젊은 사람은 미숙하므로 거기를 엄하게 추궁하고 싶겠습니다만, 그것은 노인 전체에서 나타나는 경향이므로 '이런 내용은 안된다'라고 생각하지 않으면 안됩니다.

그리고 '자기는 인생에서 몇십 년이나 앞서 가고 있으므로, 그들의 결점이 보일 뿐이며, 그들이 잘못한 것은 아니다. 우리도 몇십 년인가 전으로 돌아가 보면, 그런 모습이었는데도 지금 그것을 알 수 없게 되었을 뿐이다'라고 생각해야 합니다.

나이가 들었다면 그 인생경험을 살려서 젊은 사람들의 좋은 점을 찾아서 장점을 신장시켜 주도록 해야 합니다. 좋은 점이 있으면 칭찬해 주고, 나쁜 점이 있다면 돌려 말하면서 주의를 주거나, 스스로 알아차리게 해줄 필요가 있습니다.

그와 같은 '작은 배려'를 쌓음으로써 '나이가 들면 젊은 사람에게 미움 받고, 젊은 사람들이 떠나간다'라는 일이 없어지게 되는 것입니다.

말하는 방법이나 태도를 취하는 방법이 조금만 달라져도 '젊은 사람과 노인의 교류가 가능해지는가 불가능해지는가'가 결정되므로, 나이가 들었다면 말씨나 대화 내용에 유의하여 좋은 인간관계를 구축해 두는 것이 중요합니다.

'올바른 생각'이나 '올바른 말'은 대단히 중요합니다.

10년 정도마다 발심하여 학습이나 체력 만들기에 힘쓴다

그런 것은 불법진리 서적 안에 많이 쓰여 있습니다.

책의 선전을 하면 안된다고는 생각합니다만, 내 저서 한 권은 다른 책을 100권 읽는 이상의 가치가 있습니다. 앞으로 60세에서 부터 100살 정도까지의 인구가 늘어납니다만, 내 저서를 읽는 분이 점점 늘어난다면 그런 분들이 현역으로 건장하게 활약하는 미래를 만들 수 있다고 생각합니다.

후세 사람들, 젊은 사람들에게 폐를 끼치지 않도록 하려면 그렇게 하는 편이 좋다고 봅니다.

여러분, '생애 현역'으로 팔팔하게 일할 수 있도록 되고 싶지 않으십니까?

다만 이 표현은 외국에서는 그다지 '인기'를 얻지 못할 것입니다. 이러한 '생애 현역'에 관한 이야기를 러시아 지부장이 러시아에서 했더니 '60세나 되면 이제 일을 그만두어도 되지 않은가? 더 일하라고 한단 말인가? 무슨 가르침이 그러냐'라고 하면서 현지 분들이 화를 낸다고 합니다.

러시아는 수명이 짧을지도 모르겠습니다. 추운 나라이므로 65살이나 66세로 세상을 떠나는 것일지도 모릅니다(러시아인의 평균 수명은 2013년 시점에서 남성은 약 66세, 여성은 약 76세다. 한편,

일본인의 평균 수명은 2015년 시점에서 남성은 약 81세, 여성은 약 87세다).

하지만 평균 수명이 80세나 90세 가까이까지 다다른 나라에서는 60세 정도로 일을 그만둘 수는 없을 것입니다.

'40세 때', '50세 때', '60세 때'라는 식으로 10년 정도마다 각각 발심發心해서 '지적인 학습'이나 '체력 만들기'에 힘쓴다면, 그 다음 10년이 약속됩니다.

여기를 명심하며 노력해 주십시오.

그런 것을 나는 설하고 있으므로 공부해 주십시오.

어쨌든 지금은 '사람들이여, 눈을 떠라! 마음을 고쳐먹고 총궐기하라!'라는 시기가 온 것입니다. 그것을 말씀드리겠습니다.

밝은 미래를 만들기 위해 자기 자신의 마음을 바로잡음과 동시에 '다른 사람과 힘을 합하여 새로운 사회를 건설해 간다. 그 일익을 짊어지겠다'라는 데에 실천을 하지 않으면 안됩니다. 이것이 중요합니다.

이제부터 매일 구체적인 행위로 노력과 정진을 해나가지 않겠습니까?

당신에게 보내는 말 ③

거미의 실 정도의 신앙만 있다면……

어려움 속에 있을 때
사람은 고뇌하고
초췌하고
매우 지친다.
입에서는
부정적인 말밖에 나오지 않고
내일을 믿을 용기도 없어진다.

하지만
나는 단언하겠다.
당신에게
거미의 실 정도의 신앙만 있다면
부처는 당신을
가볍게 도와줄 수 있다고.

우선 믿어라.
그 다음에 릴랙스하라.

부처는 반드시
문제를 해결해 주신다고 생각하라.
부처의 구원을 믿고
밝고 발전적인 마음을 가져라.
지금 주어진 것에 감사하라.
이제부터는
무리를 많이 하지 말고
당신에게 할 수 있는 일을
천천히 해가도록 하라.

확고한 신앙 앞에
어려움 따위는 없다고 믿도록 하라.

                    ─《사제의 길, 마음의 지침 제2집》에서

제4장

시대를 바꾸는
기적의 힘

위기의 시대를 극복하는 '종교'와 '정치'

01
활동이 다방면으로
확장된 행복의 과학

지금은 아직 '제1기 공사의 끝'을 맞이한 단계

본 장의 바탕이 된 설법은 규슈九州에서 행한 것입니다. 규슈에서의 대강연회는 오랜간만이었습니다만, 규슈에 대한 내 애정이 상실되었던 것은 아닙니다.

그동안 전국에서 총본산을 만들고, 정심관이나 지부를 만들고, 또 행복의 과학 학원 나스 본교, 간사이 학교, 혹은 해피사이언스 유니버시티(HSU)를 만들어 왔습니다. 게다가 행복실현당을 만들어서 정당운동 등도 해왔습니다.

그 때문에 강연회에 발길을 옮기는 횟수가 조금 줄어들었습니다만, 내 마음은 옛날과 전혀 달라지지 않았습니다.

행복의 과학은 시작된 당초부터 이 규슈 땅에서 일어난 뜨거운 전도의 마음으로 퍼져 간 교단입니다. 오키나와에서는 전국에 앞서서 서적전도가 시작되었고, 이 규슈에서는 소위 대인전도對人傳道, 다른 분들에 대한 전도가 전국에 앞서서 힘차게 시작되어 갔습니다. 언제나 늘 규슈 땅은 내 마음의 버팀목이 되었던 것입니다.

또, 실제로 일본의 역사를 보아도 새로운 것은 서쪽에서 일어났습니다.

행복의 과학도 종교활동으로서는 이제 만 30년, 내가 대오大悟했을 때부터는 35년이 지났습니다. 1세대가 끝나고, 나와 같은 세대에도 제1선에서 물러나는 분들이 많이 나타났다고 느낍니다.

하지만 나는 아직 물러날 수는 없습니다. 지금 제1기 공사가 드디어 끝을 맞이한 곳이라고 생각하고 있습니다.

돌아보면 전국에서 강연회만을 개최하는 것은 그리 어려운 일은 아니었습니다만, 종교로서 퍼뜨려 가기 위해서는 토지도 건물도 필요했고 인재도 필요했습니다.

또, 인재를 양성하는 데에도 시간이 걸렸고, 교육의 이상이나 정치의 이상, 국제적인 전개 등을 생각하는 시간도 필요했습니다.

그렇게 해서 여러 가지 일에 대응하는 동안에 30년의 세월이 지났습니다. 지금은 마치 보물함을 열고 놀라는 것과 같은 상황입니다. 나는 나이가 들지 않았다는 생각으로 지내는데, 옛날부터 알고 지낸 사람들이 점점 나이가 드는 것이 이상해서 견딜 수 없습니다.

덧붙여 서술하면, 나는 밤에 꿈을 꾸어도 언제나 10대 후반부터 20대 때만의 꿈을 꾸며, 30세 이후의 것은 좀처럼 나오지 않습니다. 행복의 과학을 시작하고 난 다음부터는 정신이 없었던 탓으로 나오지 않는 것일까요?

그런 의미에서 나는 언제나 청년의 마음을 잊지 않고 지냅니다. 그리고 아직 완성에는 한참 먼 현재 상태에 있다는 것을 항상 명심하는 바입니다.

한 사람 한 사람이 메시지를 받고, 할 수 있는 사람부터 행동해주면 좋겠다

한편, 행복실현당도 올해(2016년)로 창당 7주년이 됩니다. 행복의 과학 사업에서 이만큼 시간이 걸린 것은 아직 없었습니다. 나도 조금 놀랄 정도입니다.

역시 활동이 다방면으로 확장되었기 때문에 어려울 것입니다. 아무래도 인간의 머리는 한 가지밖에 생각할 수 없는 것 같습니다. 아마 몇 가지 일을 동시에 시작해도 차례대로 하지 않으면 할 수 없게 되는 것일지도 모르겠습니다.

하지만 나의 머리는 그렇게 되어 있지 않습니다. 이른바 '문어발 배선형配線型'이어서 여러 방향을 향하고 있습니다. 그 때문에 다행히도 지구 각지에 생각이 전해져 있는 셈입니다.

그런데 그것을 받는 쪽의 분들은 역시 하나하나 차례대로 하지 않으면 좀처럼 진행되지 못할 것입니다.

예를 들면, 며칠 전에 오키나와에서 강연을 했습니다만(2016년 1월 30일, 오키나와 현 오키나와 컨벤션센터에서 '진실한 세계'라는 제목으로 설법을 했다. ≪현대의 정의론≫, (행복의 과학 출판 간행) 제2장 참조), 그 전날에 행복의 과학 상무를 하는 아들(오오카와 유타 행복의 과학 상무이사)이 행복실현당 오키나와 입후보 예정자와 면담을 했더니 '우리 지부에서는 식복목표(종교단체의 사업계획을 수행하기 위해 필요한 보시를 각 지부별로 정해서 모으는 것)를 아직 달성하지 못했으므로 정치활동을 좀처럼 하기가 어렵습니다'라는 말을 들었다고 합니다.

나는 '그건 힘들겠구나'라고 답하면서도 '운영이라고 하는 것은 어려운 법이구나'라고 절실히 느꼈습니다.

거기는 작은 지부여서 좀처럼 식복목표를 달성하지 못했던 것 같습니다만 '그쪽을 달성해서 시간이 남으면 정치활동을 하겠다'

는 것입니다. 그 이야기를 듣고 시간이 걸리는 이유를 알게 된 것 같은 생각이 들었습니다. 요컨대 동시에 두 가지 이상의 일을 추진하기가 힘들다는 것입니다.

그런데 지금 행복의 과학이 행하는 활동은 딱 보아도 다섯 가지 이상은 될 것입니다. 그렇게 되면 지방본부장이나 지부장이 중간에 개입할 경우, 활동 내용이 신자들에게까지 잘 전해지지 않게 되는 것이라고 생각됩니다.

따라서 신자 한 사람 한 사람이 내가 내놓은 메시지를 받고, 할 수 있는 사람부터 행동해 주십시오.

정치활동도 그 가운데 하나입니다. 주장 자체는 종래로부터 그리 크게 달라진 것은 아닙니다.

또 행복의 과학이 정당을 가지지 않았을 때에도 다른 정당에 많은 삼귀신자들이 있었습니다. 실은, 현재도 있습니다만 조금 몸을 낮추고 상황을 주시하는 상태일 것입니다.

하지만 그렇게 '사양'하지 않아도 됩니다. 나는 자민당이든 민진당이든, 특별히 생각하지는 않습니다. 따로 공산당이나 공명당이어도 '신자가 되고 싶으면 부디 와주십시오'라고 생각하고 있습니다. 내 마음은 그렇게 좁지 않습니다.

어디까지나 나는 장래에 이 나라가 좋아지고 세계도 좋아지는 방향으로 정보를 발신하고 있습니다. 그 정보를 각각의 정당이 그릇 상응으로 받는 것이겠지만, 행복의 과학은 타종교를 배척하려는 생각은 가지고 있지 않고, 다른 단체나 다른 행동을 취하는 것에 대해서도 일정한 이해는 하고 있습니다. 그런 다음에 '이쪽이 좋다'라고 생각하는 것을 정보로서 발신하고 있습니다.

그 의미에서 행복의 과학은 이단 심문과 같은 것은 하지 않습니다. 또 들어오는 것도 자유, 그만두는 것도 자유롭게 되어 있습니다. 그것은 자신佛信이 나타난 모습 중의 하나이기도 할 것입니다.

02
현재 진행형으로 행하여지고 있는
저 세상의 증명

신앙을 간단히 손에서 놓아서는 안된다

본 장의 바탕이 된 강연회에는 '유령회원', '유령신자'인 분들이 오래간만에 강연회가 있다고 해서 나오셨다고 들었습니다. 아마 그러한 분들은 교학을 너무 많이 하셔서 '지부장의 이야기 따윈 듣고 있을 수 있나'라고 생각하실지도 모르겠습니다. 하지만 지부장도 아직 수행을 쌓는 중입니다. 공부를 시작한 시기가 신자와 그다지 다르지 않기 때문에 아직은 가르칠 내용이 거듭 쌓이지 않은 상태인 것입니다.

다만 신앙이란 한 번 붙잡았다면 그리 간단히 손에서 놓아서는 안되는 것입니다.

신앙을 손에서 놓는다는 것은, 비유해서 말한다면 지금까지 적

립한 저금이 모두 사라지는 것과 같은 일입니다. 혹은, 연금이 모두 사라지는 것과 같은 일일 것입니다.

게다가 노후의 보장뿐만 아니라, 세상을 떠난 뒤의 보장이 전혀 없어지는 것이 '신앙을 버린다'라는 행위입니다. 연금이 없어지면 노후에 어려움을 겪겠지만, 신앙을 손에서 놓으면 노후부터 그 뒤까지가 곤란해집니다. 오히려 죽은 다음이 정말 곤란해집니다.

나는 '사람은 영원한 생명을 가지고 있다'라고 30년간 계속 설하고 있습니다만, 저 세상에 돌아가면 '어떠한 종류의 사람인가'라는 구분이 행하여집니다. 그때 우선은 '어느 종교를 믿는 분입니까'라고 물어지는 것입니다.

그런데 '종교를 믿지 않았습니다', '유물론입니다' 등으로 말하는 분은 그 시점에서 일단 '낙제'가 됩니다. 그리하여 '해가 비치지 않는 지하시설 학원'에 들어가서 충분히 학력이 붙을 때까지는 지상에 나올 수 없게 되는 것입니다. 요컨대 햇빛을 받으면 살이 벗겨지는 것과 같은 상태가 되므로, 우선은 어두운 곳에서 공부하지 않으면 안됩니다.

한편, 종교를 믿었던 분은 '어느 종교입니까'라고 질문을 해서 '기독교입니다'라고 대답하면 기독교로, '불교입니다'라고 대답하면 불교 그룹으로 안내를 받습니다. 혹은, '이슬람교입니다', '유대교입니다', '힌두교입니다', '일본 신도입니다' 등 여러 종교가 있을 것입니다. 어쨌든 '자기가 가장 믿었던 것, 혹은 혼적으로 가까운 인연이 있는 것은 무엇인가'를 질문을 해서 거기에 분류되어, 영계에서 살아가기 위한 오리엔테이션이 시작되는 셈입니다.

그 때에는 천사가 마중하러 오고, 천사의 모습을 가지고는 납득하지 못하는 분의 경우에는 승려의 모습으로 맞이하러 올 수도 있고, 신주神主의 모습으로 마중하러 올 경우도 있습니다. 그리하여 각각 저 세상에서의 생활 터가 정해져서 교육 커리큘럼이나 일의 방향이 결정되어 가는 것입니다.

행복의 과학은 이 사실을 증명하기 위해 30년간 활동해 왔습니다.

예를 들면 각종 리딩이나 영언 등은 600번 이상이나 행하였고, 공개영언 시리즈의 책도 400종류 이상이나 냈습니다(2016년 11월 시점). 이러한 것은 세계적으로 보아도 예가 없습니다. 역사상에서 전혀 없었던 일입니다. 그런 일이 현재 진행형으로 행하여지고 있습니다.

확실히 지금까지도 '저 세상이 있다'라고 말한 사람은 많이 있을 것입니다. 하지만 '저 세상이 존재한다', '인간이 영적인 존재다'라는 것을 실제로 증명해 보이려고 했던 사람은 얼마 안된다고 하지 않을 수 없습니다. 그리고 이 영언집 한 권 한 권이 그 중명을 향한 한 발인 것입니다.

행복의 과학이 굳이 '과학'을 자칭하는 이유가 여기에 있습니다. 즉, 철저히 실증정신을 가지고 증거를 쌓아 올리려고 하는 것입니다.

또한 그렇게 함으로써 종교가 잊혀지는 현대에, 잘못된 가치관 속에서 교육을 받고 잘못된 사상을 가지고 일에 몰두하는 사람들에게 '본래의 사명이란 무엇인가'를 가르치려고 하는 것입니다.

이 세상에서는 여러 가지 인생수행이 기다리고 있다

이 세상에 태어나는 것은 그리 간단한 일이 아닙니다. 이 세상에서 수십 년의 인생을 살다가 저 세상으로 돌아가서 또 새로운 생활을 하고, 수십 년, 수백 년이 지난 후에 다시 이 세상에 태어나는 것입니다. 그 때에는 몇 개월인가 어머니의 배에 깃들여서 사람이 대화하는 소리가 조금 들릴 정도의, 컴컴한 가운데에서 참다가 전적으로 무력한 상태로 태어납니다. 이것은 과거에 아무리 훌륭했던 사람이어도 조건은 똑같습니다. 금생에서 과연 자기가 잘 될 것인지 아닌지 알 수 없는 불안 속에서 울면서 태어나는 것입니다.

이것이 '생, 노, 병, 사' 중의 '생'의 괴로움입니다.

그 후 인생의 거친 파도 속에서 여러 가지를 경험합니다.

예를 들면, 학교에서 집단학대 문제로 고생할 수도 있을 것입니다. 자기가 학대를 받는 쪽이 될 때가 있을지도 모르겠습니다. 또 사고를 당하는 경우도, 병이 드는 경우도 있습니다. 혹은 아버지, 어머니, 형제, 자매, 조부모, 그 밖의 가까운 분들이 세상을 떠나는 장면을 만날 수도 있는 것입니다.

나아가서는 안전하다고 생각해서 태어난 집안이 도산의 괴로움 속에 처할 수도 있을 것입니다. 태어나기 전에 어디까지 진학할 것인지 생각하고 있어도, 실제로 이 세상에 태어나 보면 집안의 생활상태가 바뀌어서 유감스럽게도 생각한 곳으로 진학할 수 없는 경우도 있습니다. 개중에는 금생에 처음으로 배우는 학문도 있기 때문에 그것을 습득할 수 없는 경우도 있을지 모르겠습니다.

일에 관해서도 실제로는 자신이 생각하던 것과 같은 일을 못하는 경우도 있어서 직업을 자꾸 바꾸는 경우도 있다고 봅니다.

이와 같이 금생에서는 다양한 인생수행이 기다리고 있는 것입니다.

그것을 나는 초기 무렵에 '인생은 한 권의 문제집이다'라고 서술한 적도 있었습니다. 회원수가 1만 명 정도에 달할 때까지는

'답을 가르쳐 드리고 싶지만, 그 문제는 당신 자신이 풀지 않으면 안된다'라는 이야기를 자주 하고 있었던 것입니다. 이것은 '자력을 중심으로 한 수행'이 될 것입니다.

타력에 의해 일어난 수많은 기적

그렇지만 교단이 커지자 '자신의 수행'만으로는 끝나지 않게 되어 실제로 '다른 사람을 구한다'는 것을 하지 않으면 안되게 되어 왔습니다. 즉, 타력도 포함하지 않으면 안되게 되어 왔던 것입니다.

그런데 그렇게 되었더니 지금까지 예상도 하지 못했던 여러 가지 일이 일어나게 되었습니다.

예를 들면 최근에는 '여러 가지 병이 낫는다'라는 일이 일어나고 있습니다. 실제로 '주먹 크기의 종양이 사라져 버렸다', '일어서지 못한 사람이 일어설 수 있게 된다', 혹은 '눈이 보이지 않았던 사람이 보이게 된다'라는 일이 있었습니다.

혹은 '가족 중에 지금까지 대화가 잘 되지 않았던 사람이, 갑자기 대화가 통하게 되어 사이가 좋아졌다'라는 일도 일어나고 있습니다. 나아가서는 경영이 가로막혔는데 그것이 타개될 경우도 있습니다.

이와 같이 '행복의 과학 가르침에 접하거나, 법우와 만나거나, 혹은 활동에 참가하거나 함으로써 바뀌어 간다'라는 일이 일어나고 있는 것입니다.

다만, 차분히 객관적으로 생각해 보면 그 이유는 알 것입니다. 수많은 천상계의 지도령단이 우리를 이끌어 주고 계시기 때문입니다.

행복의 과학은 관대한 마음을 바탕으로 하여 시작된 종교

하지만 영의 개성을 분명히 내고, 이름을 밝히고, '누가 지도를 하고 있는가'를 명시하면서 지도를 하는 종교는, 어떤 의미로 대단히 진귀하다고 할 수 있습니다. 이름이 나온다고 해도 그것은 방편으로서의 이름일 때가 많을 것입니다. 또 이름이 나온다고 해도 오직 한 명의 하느님이 가르치고 있다는 것이 보통 스타일입니다. 요컨대 그렇게 하는 편이 가르침이 일치되어서 혼란이 적기 때문입니다.

그런 것도 있어서 '종교가 나라를 이끌어 갈 때에는 일원적으로 가치관을 하나로 하고 이데올로기를 강요해서 사람들을 전체주의적인 방향으로 이끌어 가는 것이 아닐까'라고 하는 염려가 세간에는 있는 셈입니다.

한편, 행복의 과학이 공표하는 것처럼 500명이나 되는 고급지도령단이 여러 가르침을 설하고 있으면 '대체 어느 가르침을 따라가면 좋은가', '나는 어느 것에 해당하는가'라는 것을 각자가 생각하지 않으면 안되게 됩니다. 그렇게 되면 어떤 의미에서는 직선적으로 나아가는 것이 어렵게 보일 수도 있을 것입니다.

다만 '행복의 과학에 몇백 명이나 되는 지도령이 있고, 일본뿐만 아니라 해외의 종교에 관여했던 사람들이나, 정치나 경제 등에 관여했던 사람들이 다양한 영언과 영시靈示를 내리고 있다'라는 것은, '행복의 과학이 그 시작 때부터 복수성複数性을 용인하고 있다'라는 것, 즉, '타인에 대한 관대한 마음을 바탕으로 하여 시작된 종교다'라는 것을 의미합니다.

그러므로 '나 개인의 사상이나 신조, 사고방식만이 중요하고 그 외의 사고방식은 있을 수 없다'라고 말하며 강요하는 것이 아닙니다.

나는 '천상계의 사고방식 중에도 여러 가지 것이 있어서, 그것에 대해서는 각각 보여드리고 있습니다. 그런 다음에 선택한다고 하면 이러한 방향 쪽이 더 낫겠지요'라고 하는 것을 전하는 것입니다. 나아가서는 '각각의 사람이 가진 마음의 발전단계에 맞

춰서 혹은 혼수행에 맞춰서 선택하면서 길을 걸어가도 좋다'라고
말하고 있는 셈입니다.

03
신들로부터 내려지고 있는
위기의 경고

위기의 경고를 전하지 않으면 안될 때가 있다

그런데 행복의 과학도 교단으로서는 30년 동안에 상당히 크게 발전해 왔습니다. 행복의 과학을 '큰 교단이다'라고 전해 주시는 곳도 있는가 하면, '사실은 작은 단체다'라고 말하는 곳도 있어서 의견으로서는 양쪽이 있습니다. 물론 종교의 크기를 객관적으로 평가하기는 어려울 것입니다. 하지만 직원의 수를 보면 분명하게 알 수 있습니다. 행복의 과학은 일본의 종교단체 중에서 직원 수는 두 번째입니다. 아마 그것이 교단의 크기일 것으로 생각합니다. 직원 수를 보면 대체로 어느 정도의 크기인지는 알 수 있으므로, 지금은 그 정도까지 와 있습니다.

한편, '오피니언 성향', '정보의 발신력'이라는 면에서는 실제로 일본에서 최고라고 봅니다.

다른 종교에서 이만큼 업데이트(최신)로 현대성이 있는, 오늘날에 맞는 정보에 파고들어서, 저널리즘을 상대로 하면서도 '옳다'고 생각되는 것을 계속 말할 수 있는 종교는 없습니다. 그 의미에서 몸을 내던지고 목숨을 걸어서 싸울 수 있는 교단이 되어 온 것을 기쁘게 생각하고 있습니다.

다만, 때로는 강한 의견을 발신하기도 하므로, 그것에 대해 '따라갈 수 없다'라고 생각하는 분도 있을 것입니다.

물론, 조금 전에 말한 것처럼 원래의 입장은 '관용을 가지고 많은 사람들을 받아들인다'라는 것입니다. 또한 그 사람들이 따라와 주었으면 하는 소망을 가지고 있습니다.

하지만 '위기가 왔다. 위험하다. 방향을 바꾸어야 한다'라고 느꼈을 때에 나는 그때마다 그것을 강하게 말하고 있는 것입니다.

그 시점에서 내 이야기를 이해하지 못하는 분은, 한때 행복의 과학에서 거리를 두거나, 멀어지거나 할 수도 있을 것입니다. 혹은, 그러한 시기가 있어도 좋을지도 모르겠습니다.

하지만 나는 말씀드리겠습니다. 지상에서 인간의 '슬기로움', '영리함'과 지상을 떠난 고급령계에서 신들, 혹은 그에 가까운 고급신령들의 '생각'과의 사이에는 역시 차이가 있습니다. 왜냐하면 그들에게는 더욱 보이는 것이 있기 때문입니다.

따라서 '위기의 경고'가 올 때도 있는가 하면 '번영의 예상'이 올 경우도 있습니다. 혹은 여러 가지 일을 주변보다도 빨리 말할 때도 있을 것입니다. 그 가운데에는 유감스러운 내용도 있고, 좋은 내용도 있습니다. 때때로 '좋은 것만을 계속 말하고 싶다'라고 생각될 때도 있습니다만, 역시 위기를 전하지 않으면 안될 때가 있습니다.

예를 들면 최근에는 2011년의 '3 · 11' 동일본 대지진의 특집이 텔레비전이나 신문 등에서 많이 보도되고 있습니다. 하지만 나는 그것이 일어나기 몇 개월 전에 '일본에 큰 재해가 올 것이다'라는 것을 '아마테라스오미카미天照大神의 영언'을 통해서 발신하고 있었습니다(≪최대 행복사회의 실현 -- 아마테라스오미카미의 긴급 신시(神示)≫, 행복의 과학 출판 간행 참조). 실제로 그 말대로 되어 버렸던 셈입니다만, 그 원인도 이미 설하고 있었던 것입니다.

그런데 그런 것을 모르는 채, 일어난 현상만을 파악하여 사람들을 신들의 마음에서부터 더욱 멀어지는 방향으로 끌어당기려고 하는 사람들도 아주 많습니다. 정말 유감스러운 일입니다.

창당 때부터 계속 호소하는 국방의 위기

또 최근에는 행복실현당을 창당한 이래로 국방의 위기를 호소하고 있습니다만, 분명히 말해서 종교가로서는 힘든 일입니다. '정치 쪽에서 제대로 해준다면 이쪽은 말하지 않아도 되는데'라고 생각되는 일이 몇 번이나 있었습니다.

한편으로, 다른 종교는 '절대 평화' 등으로 말하는 셈입니다. 아마도 신문을 읽어도 텔레비전을 보아도 아무 것도 알 수는 없을 것입니다. '아무 것도 알 수 없으면 이렇게까지 밝게 살아갈 수 있는가'라고 생각하니, 정말 부러울 따름입니다.

혹은, 세계가 움직여도 자기와는 아무 것도 관계가 없는지도 모르겠습니다. '자기의 세계'밖에 없고, 일본이 '일국 평화주의' 안에 푹 잠긴 상태로 살아 있을 수 있는 것 같습니다. 이것으로 손쉽게 지낼 수 있다면 말할 필요도 없을 것입니다. '노후의 연금이 없어진 분을 어떻게 할 것인가'만을 생각하고 지내면 되는 셈입니다.

그런데 '아무래도 그것만으로는 안되는 것 같다'라는 것이 확실히 보였으므로 나는 국방의 위기를 호소하고 있습니다.

예를 들면, 2009년 행복실현당을 시작한 해에 북한 미사일 발사가 있었습니다. 당시는 자민당 정권으로 아소麻生 총리 때였습니다만, 그것을 보면서도 일본은 전혀 대응할 수 없었던 것입니다.

또 그 전 해(2008년)에도 항공자위대 막료장^{幕僚長} (다모가미 도시오田母神俊雄 씨)이 '일본은 침략 국가였는가'라는 논문을 썼다고 해서 교체당하기도 했습니다. 국가의 위기가 다가와 있음에도 불구하고 자민당 정권은 그런 짓을 하고 있었던 것입니다.

그 후 민주당 정권이 들어서서 전적으로 반대로 회전하기 시작했습니다. 초대 수상이었던 하토야마 유키오鳩山由紀夫 씨는 '아시아의 바다를 우애의 바다로 하겠다'라는 식의 말을 했을 것입니다.

그런데 지금은 그 '우애의 바다'에 중국이 산호초를 매립해서 만든 제트전투기가 이륙할 수 있는 섬이 만들어진 것입니다. 또 3킬로미터 정도나 되는 활주로가 있는 섬도 있거니와 지대공 미사일을 구비한 섬도 있습니다.

게다가 실제로 중국이 이 섬을 빼앗기 시작한 것은 최근이 아닙니다. 1970년대부터 대만이나 필리핀, 베트남, 말레이시아 등 국경 분쟁이 있는 고도孤島를 조금씩, 조금씩 뺏기 시작하여 그것을 현재까지 진행해 왔던 것입니다.

그리하여 드디어 중국은, 미국 항공모함이 '항행의 자유 작전'의 일환으로 남중국해를 지나갔더니 그 주변을 다수의 함선으로

둘러싸는 데까지 이르렀습니다.

이것은 큰일이며, 1900년대의 사람이라면 상상도 할 수 없는 사태가 지금 일어나고 있습니다. 요컨대 '절대 평화'라는 '말'만을 외치고 있으면 되는가 아닌가를 알 수 없는 상황이 된 것입니다.

아시아의 일극 지배를 그리는 중국

또 북한 문제도 몇 번이나 경고를 해왔습니다.

북한의 핵실험은 이미 4번 행하여졌고(설법 당시 2016년 9월 9일, 북한은 5번째 핵실험을 했다) 특히 4번째의 실험(2016년 1월 6일 실시)에 대해서는 '수폭실험'이라고 하였습니다. 제외국은 좀처럼 인정하려고 하지 않습니다만, 김정은 씨는 그렇게 말한 것입니다. 게다가 '핵의 소형화에 성공했다'고도 말했고, 부근에 단거리 미사일도 쏘기 시작했습니다. 얼마 전부터 한미 양국이 과거 최대 규모의 합동훈련을 시작하여 상륙 연습 등을 하고 있었습니다만, 그 시기에 북한은 미사일을 쏜 것입니다.

한편 《북한의 김정은은 왜 '수폭실험'을 했는가》, (행복의 과학 출판, 2016년 1월 긴급 발간)에서는 김정은 씨의 수호령이 '미국이 공격해 와도, 실은 북한은 이란 쪽과도 이어져 있다. 미사일

기술은 저쪽에 수출하고 있으므로, 우리의 미사일은 이란에서도 쏠 수 있다'라는 말을 하고 있었습니다. 그리고 실제로 미국이 군사연습을 시작한 뒤에 이란에서도 탄도 미사일 발사가 있어, 미국은 유엔에 대해 제재하도록 제의하였습니다. 김정은 씨의 수호령은 영언 속에서 '북한과 이란은 지하에서 이어져 있다. 미국도 두 나라를 동시에는 공격할 수 없을 것이다'라고 전망하고 있었습니다만, 그 말대로의 일이 일어났습니다.

더 말하면, 북한과 이란의 탄도 미사일 기술은 원래 중국에서 들어간 것도 있습니다. 따라서 중국이 북한을 제재하는 것처럼 보여도 이것이 진심이 아니라는 정도는 알 것입니다. 북한에 대한 수출을 멈추게 하려고 한다면 석유라도 뭐든지 멈출 수 있는 셈입니다만, 멈출 리가 없습니다. 왜냐하면 북한을 중국 대신 난폭하게 굴도록 만드는 면이 있기 때문입니다.

그런 의미에서는 '중국에 의지하지 않으면 북한을 제압할 수 없다'라고 생각하는 미국이나 유럽, 일본 등의 제외국은 그들이 생각하는 것이 보이지 않는 상황이라고 하지 않을 수 없습니다.

대단히 유감스럽습니다만, 세계에서는 '정직함'만으로 정치나 외교가 성립하는 것은 아닙니다. 역시 모두 계산을 해서 자기들이 유리해지는 방향으로 끌고 가려고 하는 사람들이 많이 있습니다.

덧붙여 말하면, 중국은 지금 '아시아를 일극 지배하겠다'라는 야심을 명확히 그려내고 있습니다만, 그것은 중국이 미국 경제를 넘어선 시점에서 확실하게 표면화할 것입니다.

한편, 미국 쪽은 슬프게도 차츰 퇴조가 눈에 띄고 있습니다. 그야말로 조류가 쓸려가는 것처럼 차근차근히 물러나기 시작하고 있는 중입니다.

예전에는 '슈퍼 대국, 초대국 미국의 일국우위의 시대가 100년은 계속된다'라고 간주되고 있었는데, 21세기의 문이 열리자 순식간에 미국과 중국이 경쟁자가 되었습니다.

게다가 중국은 이미 미국을 넘어선 다음의 비전까지 만들었습니다. 그런데 그것에 대한 처방전은 아직 어느 나라에서도 나오지 않았습니다. 아무도 내놓지 못한 상황입니다.

04
일본 정치의 있어야 할 모습

2차대전 후의 '호헌 체제'는 전환점을 맞이하고 있다

이러한 상황의 변화 속에서 일본에는 생각하지 않으면 안될 것이 있습니다. 그것은 '헌법의 문제'입니다.

일본에서는 지난 2차대전에서 패한 뒤, 새 헌법이 생겨서 그 호헌護憲 체제體制를 유지하는 것이 교육에서도 정치에서도 요구되어 왔습니다. 그리고 그것이 평화의 바탕이라고 오랫동안 배워왔습니다. 하지만 그것이 전환점을 맞이할 것 같다는 느낌이 절실하게 듭니다.

분명히 말하면 일본국 헌법 전문에 '평화를 사랑하는 여러 국민의 공정과 신의를 신뢰하고, 우리의 안전과 생존을 보유하려고 결심했다'고 쓰여 있음에도 불구하고, 지금 일본 주변에는 '평화를 사랑하는 여러 국민'만이 아니게 된 것입니다.

　물론 각각의 나라에는 이데올로기의 차이도 있거니와 사고방식의 차이도 있을 것입니다. 또 미국이나 유럽이 말하는 것과 같은 '자유'나 '민주주의', '의회제도', '법치주의' 등이 어느 시대에도 만능이었던 것은 아닙니다. 오히려 중국의 본심을 듣는다면 '전제정치 이외에 성공한 경험이 없다'라고 할 것입니다. 중국에서는 반대파를 완전히 숙청하여 한쪽이 극단적 지배를 할 수 있었을 때만 나라가 안정되었고, 그 이외의 때에는 국내에서도 분열되어 싸우는 시대가 많았으므로 '민주주의 정치 따윈 믿을 수 없다'라는 것이 본심일 것으로 생각됩니다.

　미국이 말하는 것과 같은 '인권 외교' 따위는 터무니없는 일이라고 생각하고 있음이 틀림없습니다. '국민에게 주권 따위를 주면 나라는 금방 뒤집혀 버린다'라고 생각하고 있을 터이므로 이야기가 그리 간단히 맞을 리가 없습니다.

　예를 들면, 90년대 후반 미국이 클린턴 정권 시대에 다음과 같은 일이 있었습니다.

　중국이 인권활동가를 박해하고 있다고 해서 미국이 제재할 자세를 보였더니 중국은 바로 그것을 약화시키는 모습을 보인 것입니다. 하지만 미국이 중국에 최혜국 대우라고 하는 경제적으로도 최고의 대우를 계속해 주었더니, 그렇게 되자마자 반정부 운동가를 몇백 명이나 체포했습니다. 이것이 중국의 실제 모습입니다.

이와 같이 그들에게도 믿는 가치관이 있어서 그것은 그리 간단히 바뀌는 것이 아닙니다. 또 어느 쪽이 옳은가도, 역사적으로 봐서 완전히 결정할 수 있는 것은 아닐 것입니다.

다만, 지금 '자유', '평등', '민주주의', 혹은 '의회제 민주주의', '법치주의' 등 사람들이 다양한 가치관 속에서 상의하여 방향을 정하고 있고, 우리는 그것을 좋은 것으로서 받아들이고 있는 셈입니다. 따라서 그러한 가치관을 부수려고 하는 세력과는 유감스럽게도 함께 해갈 수는 없습니다. 오히려 우리는 이러한 가치관을 퍼뜨리는 방향으로 노력해 가고 싶다는 입장에 서 있는 것입니다.

현재의 일본 정치에서 잘못하기 쉬운 관점이란

다만 일본 정치의 현재를 보는 한, 아무래도 틀리기 쉽다고 생각되는 곳이 있습니다.

우선은 '대만'에 관한 것입니다. ≪긴급 수호령 인터뷰 대만 새 총통 차이잉원蔡英文의 미래전략≫, (행복의 과학 출판 간행)이라는 책을 냈습니다만, 대만이라고 하는 나라가 갖는 지정학적 의미에 대해 너무나도 둔한 것이 아니겠습니까? 이것은 정치에 있어서도 매스컴에 있어서도 국민에게 있어서도 똑같습니다.

지금 홍콩이 베이징 정부가 하라는 대로 해가고 있습니다만, 대만이 중국 본토에 편입된다면 그 흐름과 같아질 것입니다. 그렇게 될 경우, 일본에는 아라비아 반도에서의 석유가 한 방울도 들어오지 않게 될 가능성이 있습니다. 요컨대 화력발전에 의한 전기 공급을 할 수 없게 된다는 것을, 더 분명히 이해해 두지 않으면 안됩니다.

그런데 그와 같은 상황임에도 불구하고 2011년 동일본 대지진에서 원전사고가 있었다고 해서 '원전을 제로로 하겠다. 20년 이내, 30년 이내에 제로로 하겠다'라는 운동이 지난 5년간, 정의처럼 전개되고 있습니다. 좌익주의자나 환경주의자들이 하나가 되어 그것이 가장 정의에 들어맞는 일인 것 같은 표현을 하고 있는 셈입니다.

이것을 보이지 않는 곳에서 생각하는 것은 분명히 말해서 중국 정부겠지만, 원전이 멈추고 석유가 한 방울도 들어오지 않게 되면 일본은 어떻게 되겠습니까? 게다가 핵무기에 의해, 핵무장할 수 없는 나라를 위협할 수 있게 된다면 어떻게 되겠습니까? 이것은 '싸우지 않고서 일본을 함락시킬 수 있다'는 것을 의미합니다.

혹은, 중국이 아니라 북한이라도 일본을 함락시킬 수 있을지도 모르겠습니다. 미국과의 외교가 악화되어 일본이 위기에 처했을 때 미국이 도와주지 않게 될 경우에는, 북한처럼 인구가 2,000만 명 정도의 작은 나라라도 일본을 함락시킬 수 있는 가능성이 있습니다.

다만 작은 나라라고는 해도 북한의 군대는 110만 명 이상이나 됩니다. 한편, 일본의 자위대는 23만 명 정도입니다. 게다가 함선의 수도 780척 정도나 되어 일본보다 많고, 미사일도 많이 보유하고 있습니다.

한편, 북한이 핵탄두의 소형화에 성공했는가 아닌가는 실제로 쏘지 않으면 알 수 없을지도 모르겠습니다. 하지만 쏘게 될 때에는 이미 늦었을 가능성이 있습니다.

만일 북한이 쏠 경우 확실하게 명중한다는 핵무기를 가지고 있다고 한다면, 일본 정부는 어떻게 하겠습니까? 이 경우, 미국이 전면적으로 일본을 위해 목숨을 내던질 결심을 보여 주지 않는 한, 일본의 '생명선'은 완전히 외국이 쥐게 되는 것입니다.

국민이나 여러 외국에 대해 정직한 정치를

역시 나는 종교가로서 일본인 전체를 위기에 노출시킬 수는 없습니다.

이것은 정치적 주장을 위해서만 하는 말이 아닙니다. 나에게는 '어느 정당이 몇 개의 의석을 얻는가'는 별로 관계도 없고, 관심도 없으며, 사실은 어느 정당이라도 상관이 없습니다. 하지만 위험을 짊어지는 정당이 없기 때문에 지금 행복의 과학이 정치운동에 발을 내딛고 있습니다. 그것은 국내 방식, 종래 방식, 2차대전 후의 사관에 의해 70년간 계속된 사고방식에 근거한 비판을 받더라도, 우리에게는 주장을 계속할 만큼의 체력이나 정신적인 강함이 있기 때문입니다.

그런데 다른 정당은 그렇지는 않습니다. 비판을 받으면 바로 주장을 애매한 표현으로 바꾸고, 그 때까지의 의견과는 반대 의견이라도 태연히 내놓습니다. 그리고 당선된 다음에, 입후보했을 때 말했던 것과는 전혀 다른 일을 하는 것입니다.

나는 이러한 정치는 그만두면 좋겠다고 생각하고 있습니다. 정치가는 국민에 대해 정직해야 하고, 그것은 여러 외국에 대해서도 같을 것입니다. 역시 대국이면 세계 사람들을 올바른 방향으로 계속 인도한다고 하는 책임이 있는 것이 아니겠습니까?

또 행복의 과학 신자 중에는 자민당 관계자도 있으므로, 아베 수상을 몇 번이나 비판하는 것은 정말 미안하다고는 생각합니다. 하지만 오키나와의 미군기지 이설 문제에 대해 헤노코邊野古

로 이전하는 것으로 해결하려고 했음에도 불구하고, 아베 수상은 재판소의 화해 권고를 받고 이설 공사를 중단했습니다. 일설에 의하면 아베 수상은 미국 해군 해병대를 가고시마 현鹿兒島縣의 다네가시마種子島에 가까운 고도孤島로 옮긴다고 하는 안案에 빠져 들어서, 미군에도 이것을 타진하고 있다는 것입니다.

만일 이것을 갑자기 발표하면 오키나와의 미디어가 우호적이 될 것이고, 오키나와 현민이 환영할 것이고, 일본의 좌익진영도 열렬히 찬성할 것이고, 그러면 다음 선거에서는 손쉽게 대승할 가능성이 있습입니다.

다만 이러한 국방 정책이나 외교 정책에 대해 선거 대책이라는 관점만으로 결정해서는 안된다고 생각합니다. 더 근본적인 바탕에서부터 생각하지 않으면 안됩니다.

오키나와를 말 한마디로 빼앗기는 일을 허용해서는 안된다

한편으로, 중국은 '오키나와는 중국 고유의 영토다. 센카쿠 제도도 중국 고유의 영토이며 핵심적 이익이다'라고 단언하고 있습니다.

하지만 보통은 이런 말은 할 수 없을 것입니다. 일본이 같은 발언을 했다고 하면, 예를 들어서 '청일 전쟁에서 쟁취한 랴오둥 반도는 일본 고유의 영토다'라는 것이 되는지도 모르겠습니다. 다만, 일본의 총리대신이라도 보도관이라도 좋습니다만, 이런 내용을 말할 수 있다면 말해 보십시오. 혹은 '쿠릴 열도(천도千島열도쿠릴島)도 일본 고유의 영토다'라고 말하고, 말 한마디로 뺏을 수 있다면 뺏어보면 좋을 것입니다.

이런 것은 좀처럼 말할 수 있는 것은 아닐 것입니다. 하지만 중국은 그러한 말을 하고 있습니다.

게다가 중국은 남사군도나 파라셀 제도 등 그 부근에도 점점 기지를 만들고 있습니다. 자기들이 영유권을 주장하는 곳은 군사기지로 만들고 있는 것입니다. 그것을 '해낸다'는 것입니다만, 이것이 독재국가의 본질일 것입니다. 요컨대 반대하는 사람이 없습니다. 반대하면 숙청당하여 가족이 다 소멸당하므로 아무도 반대할 수는 없습니다. 전인대(전국 인민대표 대회)라는 의회와 같은 것을 하는 것처럼 보입니다만, 이것은 '만장일치 파티'이므로 반대하는 사람 따위는 없습니다. 이러한 무서운 면이 있으므로 잘 생각하지 않으면 안될 것입니다.

역시 오키나와가 '말 한마디로 빼앗긴다'라는 사태는 허용해서는 안될 것입니다. 나는 오키나와 사람들을 사랑하기 때문에, 만일 타협적으로 '해병대를 가고시마 현의 고도孤島로 옮기니까 좋겠지' 등의 이야기가 나왔다고 해도, '잘 생각하십시오'라고 말하고 싶습니다. '그것은 오키나와가 빼앗겨 가는 역사입니다. 그 다음은 반드시 빼앗깁니다. 그러한 일을 당한 다음에 미국이 정말로 목숨을 걸고 싸워서 지켜 준다고 생각하는 것입니까'라고 말하지 않을 수 없습니다.

외교라고 하는 것은 그런 것이 아닙니다. 역시 일체가 아니면 싸울 수는 없습니다.

만일 공화당의 트럼프 씨가 다음 미국 대통령이 된다면, 일본에는 그 나름의 자위력을 요구해 올 것입니다. 또 민주당의 힐러리 씨가 대통령이 되었다고 해도, 입으로는 일본을 지킨다고 하면서도 중국과의 경제적 이익을 지키기 위해 실전實戰에서는 싸우지 않는 방향을 선택할 것입니다.

그렇게 되면 강한 욕망을 가진 나라가 그것을 현실화하는 것이 사실일 것으로 생각됩니다.

05
일본이여, 눈을 떠라

2차대전 후 종교심을 상실한 일본

일본인은 2차대전 후 70년 이상을 살아 왔습니다만, 그것은 경제적으로도 발전한 평화롭고 좋은 시대였다고 봅니다. 다만 유감스러운 것은, 그동안에 종교심을 상실한 것입니다.

최근에도 ≪사원소멸≫이나 ≪종교소멸≫이라고 하는 시시한 책이 나와 있습니다만, 확실히 종교는 쇠퇴하고 있습니다. 여러 종교가 망해가고 있어서, 사원의 수도 줄어들고 절을 지키는 사람도 없어지게 되었습니다.

요컨대 신앙심이 상실된 것입니다. 저 세상을 믿지 않고 하느님도 부처님도 믿지 않는 사람이 늘어났습니다. 이 세상에서의 생명을 유한하다고 생각하고 그것만을 지키려고 하는 사람, '병이 낮고, 음식이 풍부하고, 사는 곳이 있으면 된다'라고 생각하는 사람이 많은 것입니다.

또 매스컴에서는 동일본 대지진에서 세상을 떠난 2만 명 가까운 사람들에 대한 '위령의 기도'라는 말이 넘쳐나 있습니다. 하지만 그 말의 의미를 정말로 알고 있는 것이겠습니까?

'위령의 기도'를 알기 위해서는 영혼의 존재나 신불의 존재, 영계의 존재를 알고 있지 못하면 안될 것입니다. 우리는 그러한 세계의 존재를 긍정한 다음에 의견을 말하고 있습니다. 결코 '목숨 따위는 아깝지 않다'라고 해서 전쟁할 것을 권하는 것은 아닙니다. '이 세상에서 살아가는 모습이 저 세상에서 살아가는 모습을 정한다'라는 것을 말한 다음에, 많은 일본 국민의 목숨이 고귀하게 빛나기를 바라고 있습니다. 한 사람 한 사람이 다른 사람의 수단이 되는 것이 아니라, 자기의 인생을 살아갈 것을 목적으로 해서 그것을 올바로 빛낼 수 있게 되기를 바라는 것입니다.

그것이 민주주의의 제일 좋은 면이 아니겠습니까?

모든 사람 안에 신성과 불성이 깃들어 있다

다만 하느님의 입장에서 보면 '인간에게 주권이 있다'는 것은 극히 방자한 사상일 것입니다.

　물론 불교적인 사상에서 불타佛陀는 '한 사람 한 사람에게 불성이 깃들어 있다'라고 말하고는 있습니다. 다만 이것은 '모든 사람에게는 깨달을 가능성이 있다'는 것이며 '각각의 사람이 부처다'라고 말한 것은 아닙니다. 어디까지나 '수행을 쌓고 마음을 맑게 하여 다른 사람들의 행복을 바랄 수 있으면 부처를 향한 길에 들어갈 수 있다. 여러 사람들이 보살이 되고 부처가 되는 길이 있다'라고 말한 셈입니다.

　또 기독교에서는 예수만을 신의 외아들처럼 간주하는 말도 있습니다만, 그 사상은 잘못된 것입니다. 예수는 훌륭한 사람이며 신이 보낸 영적 지도자입니다만, 그 외에도 신의 말을 전하거나, 느끼고 이해하거나, 신을 위해 독실한 신앙을 현실화하거나 할 수 있는 사람은 많이 있습니다.

　이와 같이 나는 모든 사람 안에 신성과 불성이 깃들어 있다고 믿고 있습니다.

　그리고 이 지상에서는 신앙심을 가지고 자기의 이득 때문이 아니라 세상을 위해, 사람들을 위해, 또 이웃 사랑을 위해, 자기의 이해를 도외시해서 노력할 수 있는 사람이 많이 나타나는 것이 중요하다고 생각하고 있습니다.

　종교는 그것을 가르치는 중요하고 중요한 계몽기관에 다름 아닙니다. 그렇기 때문에 종교를 무시하는 2차대전 후의 풍조를 용서할 수 없는 것입니다.

게다가 행복의 과학은 '종교 간의 대립에 의해 많은 전쟁이 일어나기에, 종교 따위는 없는 쪽이 좋다'라고 하는 유물론적인 사상에 대해 철저히 정면에서부터 도전하고 있습니다.

그것은 종교가 나쁜 것이 아닙니다. 신의 가르침을 제대로 전하지 못했기 때문에 사람들 사이에서 싸움이 끝나지 않는 것입니다.

행복의 과학에 부과된 사명을 다하라

지금 새로운 종교인 행복의 과학으로서, 세계종교가 될 가능성이 있는 유일한 일본의 종교로서 일본에서부터 세계에 발신해야 할 것이 있는 것이 아니겠습니까? 지금 우리가 하지 않고 누가 하겠다는 것입니까?

나는 중국이나 북한이 밉다고는 말하지 않았습니다. 그들은 역사적으로도 대단히 중요한 사람들입니다. 나는 그들에게도 자유를 주고, 인간이 가진 존엄을 주고, 불성을 깨우쳐 주면 좋겠다고 바라고 있습니다. 그리고 불국토 유토피아를 만드는 동료가 되어주기를 바라고 있습니다.

그 때문에도 그들이 잘못된 가치관으로 너무 딱딱하게 굳어졌다면 그 껍데기를 힘껏 타파하지 않으면 안됩니다. 그것이 우리에게 부과된 사명입니다.

또 우리는 정치활동에도 힘을 쓰고 있습니다. 이것도 이득을 위한 것은 아닙니다. 후보자 중에는 선거에서 6번이나 7번이나 떨어진 사람이 있습니다만, 대단히 마음이 쓰라릴 것입니다. 대학수험이어도 그만큼 떨어졌다면 견딜 수 없을 것입니다만, 그래도 계속 도전하고 있습니다. 왜냐하면 자기들의 이득 때문에 하는 것이 아니기 때문입니다.

누군가가 부딪쳐 가지 않으면 안됩니다. 2차대전 후의 상식을 깨고, 국난을 호소하지 않으면 안되기 때문에 하는 것입니다.

따라서 '유령신자' 따위를 하고 있을 때가 아닙니다. 지금 일어서지 않으면 늦습니다. 지금 이 사상을 일본 곳곳에 전하고, 해외에도 전하지 않는다면 때를 놓쳐 버립니다.

이것은 '최종 통고'이며 이것으로 정말 끝장이 날지도 모릅니다.

사쿠라지마櫻島도 분화하고 아소산阿蘇山도 분화했습니다. 이것이 무엇을 뜻하는지, 이 앞에서 기다리는 것은 무엇인지, 잘 생각해 주십시오.

동일본 대지진도 일본 국민을 괴롭히고 싶어서 일어난 것은 아닙니다. '일본이여, 눈을 떠라'라는 경고가 지금 내리고 있는 것입니다.

다른 한편으로는, 외국에서는 공포에 의해 타국을 지배하려고 하는 사람들이 있습니다. 하지만 공포에 의해 사람을 따르게 할 수는 없습니다. 사랑에 의해서만 사람은 따라옵니다. 그리고 사랑을 함으로써 세계를 바꿀 수 있는 것입니다.

행복의 과학은 그것을 위해 만들어졌습니다. 지금까지 30년간 활동을 해왔습니다만, 죽을 때까지 그만두지 않겠습니다. 부디 최후의 최후까지 나를 따라와 주십시오.

여러분 앞에 선 것은 엘 칸타아레이면서 신들이 주ᵇ입니다. 부디 이 사실을 잊지 마십시오.

| 제5장 |

자비의 힘에
눈을 뜨려면

한 사람이라도 더 많은 사람에게
사랑의 마음을 전하고 싶다

01
종교전쟁을 끝내는 궁극의 답이란

자비를 주제로 하여 법을 설하는 데에 즈음하여

　나는 지금까지 자비라고 하는 주제에 대해서는, 해외에서는 이야기를 한 적이 있습니다만 일본 국내에서는 별로 말하고 있지 않았습니다(2011년 9월 18일, 말레이시아에서 설법, '자비의 시대 The Age of Mercy'를 행하였다).

　그것은, 행복의 과학은 될 수 있는 한 '자조노력의 정신'을 소중히 여기려고 하는 데에서 시작된 면도 있어서, 일본에서 자비에 관한 이야기를 할 경우, 아무래도 구제받는 쪽의 입장을 강조하게 되는 것이 어울리지 않는 느낌이 들었기 때문인지도 모르겠습니다.

　다만 동일본 대지진을 비롯하여 일본 열도의 여기저기서 고민

거리가 다하지 않는 상황은 계속되고 있습니다.

실은 대진재 후, 행복의 과학 회원으로부터 '이런 진재의 때에 는 센다이 부근에 큰 연수소가 있으면 정말 마음이 든든할 것 같 으므로 세워 주시지 않겠습니까'라는 내용의 편지를 몇 통인가 받았습니다. 나는 그것을 읽고 센다이 정심관 건립을 바로 결정 한 것입니다. '구체적인 구제를 하는 데에는 늦을지도 모르지만, 적어도 정신적인 등대의 빛은 되는 것이 아닐까'라고 생각하고, 다소 큰 것을 세운 셈입니다(2012년 7월 낙경).

그 힘이 어디까지 달했는지에 대해서는 아직 알 수 없습니다. 하지만 대오 때 '기쁜 소식'이라고 하는 말이 임한 것에서부터도 명확한 것처럼, 내가 설하는 법은 물론 일본 국민이나 세계의 인 류에 대한 '복음'이 되지 않으면 안되는 것이라고 생각하고 있습 니다.

그런 의미에서 지금으로부터 30년 전, 1986년 11월의 초전법 륜 때에 90명이 안되는 사람들을 상대로 이야기한 것을 최초로 해서 현재에 이르렀습니다(1986년 11월 23일, 행복의 과학 발족 기 념 좌담회 '행복의 과학 발족에 즈음하여').

그 당시는 정말로 작은 시작이었고, 나도 이 '법륜을 들려 간다' 는 것이 어떤 힘을 갖는지에 대해 충분히 예측하지 못했을지도 모르겠습니다. 하지만 동일본 대지진이 일어났을 때에는 '센다이

정심관을 세우려고 생각하면 세울 수 있다'라는 정도까지, 교단
으로서의 힘이 생겨난 것은 고마운 일이라고 생각합니다.

천 몇백 년에 걸친 싸움을 계속해 왔던 기독교와 이슬람교

그렇지만 일본 전국, 그리고 해외의 여러 정세를 보아도, 아직
우리의 힘이 아득히 도달하지 못한 것을 느끼는 오늘날입니다.

본 장의 주제인 '자비의 힘'은, 신불로부터 내려오는 근본적인
빛 그 자체이며, 여러 종교가 이것에 대해 언급하고 있는 것입니
다. 그럼에도 불구하고 종교에 얽힌 피비린내 나는 테러나 전쟁
도 많이 일어나고 있습니다. 정말 유감스러운 마음으로 가득합
니다.

지금 유럽에서는 프랑스를 중심으로 이슬람권의 과격파에 의
한 공격을 받고 격분하고 있고, 또 구미에서는 '이슬람국'에 대한
공폭도 격심함을 더하고 있습니다.

뭐라고 할 수 없는 슬픔이 몰려듭니다. 그것은 뭐라고 할 수 없
는 것입니다.

어느 쪽에도 주장이 있는 것은 압니다. 다만, 그 주장이 있는
사람끼리를 서로 이해하게 만드는 것이 이 정도로 어렵다는 것이

유감스럽고 유감스러워서 견딜 수 없습니다.

이슬람교는 자비가 깊은 알라신의 힘이 도달되기를 바라는 종교입니다

다만 그 알라신이 대체 어디까지 많은 사람들의 구제를 바라고 있는가에 대해서는, 지상에서 믿는 사람들은 그것을 추측하지 못한다는 상황에 있습니다. 또, 기독교와는 과거에 세 번 정도의 큰 십자군의 싸움도 있었습니다만, 현대에도 아직 계속되고 있다는 것입니다.

전쟁의 형태도 상당히 달라졌습니다.

지금은 '드론 전쟁'이라는 것도 시작되어, 사람이 타지 않은 무인 소형 비행기를 날려서 화면을 보며 조종하면서 '이슬람국'이라든지, 혹은 파키스탄의 일부 등을 공중에서 공격하거나 하는 것을, 저 멀리 있는 미국 국내에서부터 행할 수 있는 상황도 되고 있습니다. 마치 게임 감각처럼 할 수 있기 때문에 '사람을 죽이고 있다'는 실감은 좀처럼 생기기 어려울 것으로 생각됩니다. 실제로 자기가 죽인 사람의 시체를 보면 대단히 괴로워하는 마음은 생기겠지만, 마치 게임을 하는 식으로 밖에 느끼지 못하게 되는 시대에 들어온 것입니다.

한편, 거기에 반격하는 쪽에서는 극장의 무대에 올라가서 총을 난사하거나, 폭탄을 몸에 감아서 스스로 폭파하거나, 나아가서는

빈 깡통 안에 폭약을 장치해서 비행기를 추락시키거나, 동시대이면서 대단히 원시적인 모습으로도 보이는 형태로 싸우고 있습니다. 당사자 쪽에서는 이것이 필사적인 저항이기는 할 것입니다.

이와 같이 시대에 상당히 '차이'가 느껴지는 면도 있어서 뭐라고 할 수 없는 슬픔이 있습니다만, 어디까지나 끝이 없는 싸움이라고 할 수 있습니다.

왜 끝이 없겠습니까? 그것은 역시 '궁극의 답'을 얻지 못했기 때문입니다.

기독교와 이슬람교는 무엇 때문에 천 몇백 년에 걸친 싸움을 해 왔던 것이겠습니까?

중세 후반에서는 이슬람교가 유럽에 쳐들어가서 신성 로마제국이 붕괴에 몰리는 데까지 가서, 기독교 쪽이 풍전등화와 같은 상태가 된 시대도 있었습니다. 즉, 유럽이 모두 이슬람교로 바뀔 가능성이 있던 시대도 있었습니다.

하지만 그 후 기독교 국가는 신교(프로테스탄트)의 대두, 또 산업혁명과 더불어 힘을 회복시키는 상황이며, 이대로 가면 이슬람 계통의 각국은 멸망에 이를지도 모릅니다.

그러한 흐름을 보면 '앞으로 새로운 혁신은 일어나는가', '새로운 신의 힘은 더해지는가', '문명은 어떻게 추이되는가'라는 큰 문제가 나타나고 있다고 할 수 있을 것입니다.

우리 행복의 과학은 이미 그 답을 냈습니다. 다만, 유감스럽게도 우리가 낸 답은 일본 전국에, 그리고 전 세계에 충분히 퍼지고 있다고는 할 수 없을 것입니다. 이 점, 정말 너무나 유감스러운 느낌이 듭니다.

02
서로를 이해하는 사랑의 가르침

이슬람교에는 없고 일본 신도에게 있는 것이란 무엇인가

'제2차대전'이라고도 하고 '대동아전쟁'이라고도 하는 지난 2차대전의 시대, 구미 쪽에서 본 당시의 일본은, 아마 그들이 지금 공폭을 하는 '이슬람국'처럼 보였을 것으로 생각됩니다.

실제로 그 영적인 근원에서는 지금까지 행복의 과학의 영적 조사에서 밝혀진 것처럼 이슬람교와 일본 신도의 루트는 닮은 것이 있는 것도 사실입니다(《정의의 법》, 《종교사회학 개론》, 모두 행복의 과학 출판 간행 등 참조). 다만 이들 가르침에는 차이가 한 가지 있습니다.

그러면 이슬람교에는 없고 일본 신도에 있는 것이란 무엇이겠습니까? 그것은 아마테라스오미카미의 존재입니다. 나에게 이

지적을 한 것은 삼남인 유타裕太입니다.

그것은 '나라를 세울 때 무력을 사용해서 전국통일을 하고, 그리고 국교를 정했다는 데에서는, 일본과 이슬람교의 각국은 많이 흡사한 운동 형태를 취했다. 하지만 일본에는 아마테라스오미카미라고 하는 여성의 존재가 있어서, 그 조화의 빛이 야마토大和의 마음을 이루었다. 이 부분이 이슬람교 각국과는 근본적으로 다르다'는 것입니다.

일본에서는 이 '조화의 힘'이 이 나라를 독선적인 것으로만 물들이는 것이 아니라, 많은 외국에서 여러 사상이나 학문, 혹은 종교 등을 받아들이는 힘이 되기도 했다고 생각됩니다.

그 의미에서는 '일본의 관용함'이란 그와 같은 '조화의 힘'이 나타난 것임을 알고 있어야만 하는 것이 아니겠습니까?

인간의 편협한 마음에서 일어나는 우상숭배를 둘러싼 문제

이전에 센다이에서 설법을 했을 때, 숙소인 호텔 창문으로부터 높이가 100미터는 된다고 생각되는 관음상이 보였습니다. 그때 '만일 과격한 이슬람교도가 저것을 보면 바로 파괴하고 싶어지겠구나'라고 느꼈습니다. 번화가에 저 정도로 거대한 상을 세우면,

파괴하고 싶어지는 사람이 있을지도 모르겠습니다.

다만 그 '파괴하고 싶다'고 생각하는 충동 속에 역시 근본적인 이해가 부족한 면이 있다는 것을 모르면 안된다고 생각합니다.

이슬람교의 가르침에서는 '우상숭배는 안된다'라고 말해지고 있고, 고대 유대교에서도 모세에 의해 '우상숭배는 안된다'라는 가르침이 설해지고 있습니다. 하지만 분명히 말해서 거기에는 조금 생각의 차이가 있습니다.

원래는 '신은 인간과는 다른 존재이며, 비교가 안될 만큼 위대한 존재다. 따라서 신을 우상과 같은 형태로 나타내면 사람이 그런 존재라고 착각해서 신과 인간을 대등한 존재처럼 생각하거나, 자기와 같은 것이라고 생각하거나 할 염려가 있다. 그 때문에 그런 모습을 형태로 나타내지 말고 신앙해야 하는 것이다'라는 생각이 있었다고 판단이 됩니다.

즉, 신을 경외하는 염에서부터 그런 생각이 나온 것이었다고 생각해도 좋을 것입니다.

이것은 불교에서도 똑같습니다.

불상은 대승불교의 시대에 많이 만들어지게 되었습니다만, 불타의 시대부터 500년 가까이는 불상을 만들어서 모시는 형태의 신앙이 확실히 있었던 것은 아니었습니다. 그 대신, 모습이 없는 불타로서 불타를 법륜으로 나타내거나, 불타의 발자국을 불족석

佛足石이라는 형태로 나타내거나 한 것 등이 많이 있습니다. 거기에는 '고귀한 모습을 나타내는 것이 아깝다'라는 생각이 있었습니다.

그와 같은 '이 세상적인 것이 아닌 위대한 힘에 대해 경외하는 염을 소중히 여기자'라는 마음 자체는 종교에서는 대단히 중요한 것입니다. 그런데 이것을 형식적으로 너무 받아들임으로써 형태로 나타낸 것을 차례로 부수게 된다면, 조금 사고방식이 틀리지 않았을까 생각됩니다.

시대가 지나면, 존경해야 할 것을 그냥 마음에 떠올리는 것만이 아니라 '역시 실제로, 이 눈으로 똑똑히 보고 느끼고 싶다'라는 마음이 일어나는 것 자체는 이상한 일도 아무 것도 아닙니다.

이와 같이 오리지널의 가르침이 나타났을 때에 충분히 설해지지 않았던 것이 그 후의 재앙이 되어서 타종을 배격하게 되거나, 이질적인 것을 이 지상에서 지워 없애버리려는 움직임이 되거나 한다면 극히 유감스러운 일이라고 생각합니다.

이 '인간의 편협한 마음'이야말로 우리는 한탄하지 않으면 안 되는 것이 아니겠습니까?

다른 것과의 차이를 차이로서 인정하고 이해하는 것도 '사랑'

행복의 과학 가르침에서 '여러 종교의 통합'이라고 하는 것은 큰 이념으로서 입종 당초부터 내걸어 왔습니다.

내 저서 ≪태양의 법≫(행복의 과학 출판 간행)에서도 '불교도 기독교도 그 밖의 종교도, 실은 근원적인 존재로부터 갈라져 나온 것이다'라는 것을 명확하게 설하고 있습니다.

이 책은 내가 아직 30세 무렵에 집필한 저작이므로 감성적인 부분만은 풍부하지만, 전체적으로는 아직 부족한 부분이나 세세한 곳까지 미치지 못한 부분이 상당히 있어서, 지금에 와서 되풀이하여 읽어 보면 조금 부끄럽게 느껴지는 면도 있습니다.

다만 '모든 종교는 근원인 존재로부터 갈라져 나온 것이며, 유일한 곳에서 흘러나온 가르침이라는 것을 모르면 안된다. 따라서 그 차이를 강조해서 서로 다투는 것이 아니라 더욱 더 서로를 알고, 서로 이해하고, 서로 믿는 것에 의해 새로운 유토피아 세계를 만들고 싶다'라는 마음은, 그 초기 무렵의 이론서에서부터 연면히 계속되고 있다고 생각합니다.

나는 지금 그러한 큰 세계종교의 차이를 메우려고 할뿐만 아니라, 여러 학문이나 다양한 사고방식, 인간의 활동 모두에 있어서 '신불의 의도는 어떤가'를 해명하려 하고 있고, 여러 민족의 차이에 대해서, 나아가서는 '우주에는 인류와는 다른 생명체도 존재한다'라는 데까지 말하기 시작하고 있습니다. 즉, '인종의 차이나 종교의 차이, 문화의 차이라는 배경에는 우주적인 의미에서도 차이가 있는 경우가 있다'라는 것도 말하고 있습니다.

그러한 차이가 있다는 것을 양해한 다음에 이 지구라고 하는 혼수행 장소에 모두 동시에 태어나서 다양한 환경 속에서 여러 경험을 쌓으면서 새로운 생활양식, 문명, 문화, 철학, 사고방식이라고 하는 것을 만들려고 하고 있습니다. '지구인으로서 옳은 것은 어떠한 사고방식인가? 어떻게 살아가는 것이 지구인으로서 옳은 가치질서인가? 도덕인가? 종교인가'라는 것을 만들기 위해 여러 가지 것이 들어와 있는 것입니다.

그것은 결코 인류에게 혼란을 일으키기 위해서가 아닙니다. 서로의 차이를 앎으로써 반대로 새로운 가능성을 알아차리도록 하기 위해서였던 것입니다. 다른 것과의 차이가 있다는 것을 앎으로써 자기에게는 아직 변화할 여지가 있다는 것을 알아주기를 바라는 것입니다.

각각의 종교에 차이가 있었다고 해도 그것이 '다른 종교를 멸망시킨다'라는 형태가 되는 것이 아니라 '다른 종교에 있으면서 자기의 종교에 없는 것이 있다면 그것이 무엇인지를 끝까지 추궁해서 생각한다. 그리고 바꾸어 가야 할 것은 바꾸고, 인간성을 향상시키는 힘을 드높여 가도록 노력하자'라는 말을 하고 있습니다.

처음부터 모든 것이 완전하고 일률적으로 생긴 것은 아닙니다. 여러분 인간 모두가 로봇 공장에서 일률적으로 만들어진 것은 아니라는 것입니다. 다양한 의도를 가지고, 여러 가지 목적을 가지고 태어났기 때문에, 인간 각각의 '인생의 목적과 사명'에 차이가 있는 것입니다.

'차이를 차이로서 인정하고, 다른 존재를 이해할 것, 이것도 또한 사랑이다'라는 것을 나는 말하고 있습니다.

사람을 사랑할 수 없는 것은 그 사람에 대해 이해하지 못하기 때문입니다. 상대를 이해할 수 있으면 그것은 '사랑했다'라고 하는 것과 같습니다. 이해하지 못하기 때문에 서로 증오하고, 이해하지 못하기 때문에 공격하고, 이해하지 못하기 때문에 배척하고, 이해하지 못하기 때문에 '증오의 연쇄'가 그치지 않는 것입니다.

따라서 그 '증오의 연쇄'가 그치지 않는 것을 당연한 일이라고 생각해서는 안됩니다. '증오의 연쇄'를 증폭시켜서는 안되는 것입니다.

그런 것이 아니라, 자기들이 어떻게 다른 자의 사고방식에 대해 몰이해한가를 알았다면, 한 걸음이라도 두 걸음이라도 서로가 이해할 수 있도록 서로 다가서는 것이 중요하지 않겠습니까?

03
안다는 것이 구원으로 이어진다

각각의 사람에 대한 '복음'이 되도록 가르침을 계속해서 낸다

행복의 과학은 이 세상에 혼란을 일으키기 위해 만들어진 것이 아닙니다. 그와 같은 차이를 설명하고 이해시켜서 조화스럽게 만들어, 커다랗고 새로운 유토피아를 만들기 위해 설립된 것입니다.

2016년은 내가 대오한지 35주년, 행복의 과학 입종 30주년, 종교법인화 25주년이라고 하는 하나의 마디를 맞이한 해였습니다.

신자 여러분도 열심히 해주셨습니다. 나도 자그마하면서도 작고 작은 벽돌을 거듭 쌓는 일을 해왔습니다.

2016년 7월에 행한 생탄제(지구를 구하는 빛)에서는 2,500번째 설법이 되는 것을 발표했습니다. 또 그 전 해 11월에는 2,000권

째 저서 ≪정의의 법≫ 발간 기념 모임(도쿄의 조수이如水 회관에서 개최한 '오오카와 류우호오 저작 시리즈 2,000권 돌파 기념 파티')을 열었습니다(2016년 11월 현재 저작은 2,100권 이상).

한마디로 '2,000권'이라고 해도 방대한 수이므로 많은 사람들은 다 읽지 못한다는 것도 알고 있습니다. 하지만 이것은 한 명의 머리에 2,000권의 내용을 가득 채우려고 쓴 것은 아닙니다. 사람에 따라 여러 가지 가르침을 원하기 때문에 낸 것입니다.

'선생님, 그렇게 많이 내지 않아도 됩니다'라고 하는 사람도 있을 것입니다. '1년에 한 권이면 이제 충분합니다'라고 생각하는 마음도 잘 압니다.

다만 그것만으로는 부족합니다. '법 시리즈' 등, 중심적인 가르침이 되는 것은 물론, 그것을 보완하는 가르침이나 그것들과는 직접 관계가 없어도 지금 각자에서 필요한 가르침이 여러 가지로 있어서, 각각의 사람에게 조금이라도 '복음'이 되는 가르침이 있으면 좋겠다고 생각하고 계속해서 내는 것입니다.

지금 행복의 과학 교단 운영도 어려운 국면에 도달하고 있습니다. 모임 전체가 같은 목표를 향해서 똑같이 행동할 수 없을 만큼의 규모가 되어가고 있습니다.

행복의 과학 가르침은 다양한 사람에 대한 '구원의 실'

예를 들면, 불치병의 원인을 해명하고 그 병을 치료하고 싶어서 행복의 과학에 들어온 사람도 있습니다만, 그럼에도 불구하고 선거 활동을 하라고 권유받거나 하는 경우도 있습니다. 혹은, 주변에는 '자기는 무슨 별에서 온 사람일까?'라고 생각하는 사람도 있는 셈입니다.

이와 같이 행복의 과학은 지금 다양한 방향으로 나아가고 있으며 '무엇을 하고 있는지 알 수 없게 되는 현상'이 여기저기서 일어나고 있습니다. 그 때문에 교단 전체의 힘을 다 살리지 못한 면이 있을지도 모르겠습니다.

하지만 그것도 한 가지 존재양식이라고 생각합니다. 말하자면 '자기는 여러 사고방식이나 다양성 속에 있고, 그 가운데에서 자기 자신의 작은 배를 저어 가는 방향을 모색하고 있다'라는 것입니다.

또 그런 입장을 알고 있다면, 작은 사고방식에서부터 전체주의적인 운동이 되어, 다른 것을 모두 배척하거나 밀어 젖히거나 멸망시키거나 하는 일이 되지는 않을 것입니다. 그런 의미에서도 중요한 것이 아니겠습니까?

역시 '많은 가르침이 있다'는 것은 여러분의 번뇌의 씨앗이 되는 것이 아니라 '다양한 사람에 대한 구원의 실이 지금 차례로 짜이고 있는 것이다'라고 이해해 주십시오.

가르침 중에는 일본 국내 사람에게는 직접 관계가 없어도, 해외 사람에게는 관계가 있는 것도 있습니다.

또 내 책은 일본인에게는 '종교의 책'이어도, 해외 사람에게는 '나라 만들기의 책'으로서 읽을 수 있는 것도 있습니다. 혹은 '전쟁의 연쇄를 막기 위한 법'으로서 읽는 사람도 있는 것입니다.

종교 간의 대립은 가르침이 부족하기 때문에 일어나고 있다

행복의 과학 가르침을 배우고 있으면 아무래도 이해할 수 없는 상대에게 '저 사람은 다른 별에서 왔겠구나. 별이 다르면 어쩔 수 없다' 등으로 생각하는 사람도 있을 것입니다. 그것도 한 가지 '마음의 편안'일지도 모르겠습니다.

다만, 원래 있던 별이 달라도 지금은 지구라는 곳에서 같은 지구인으로서 하나의 문명실험을 하고 있는 셈입니다.

또 같은 지구 안에서도 나라나 국적이 다르면, 혹은 나라의 종교나 정치제도가 다르면, 몇십 년이 지나서 인간은 원래 생각과는 다르게 자라날 수가 있습니다. 그러한 이유로 국적을 바꿔서 다시 태어나는 일이 있는 셈입니다.

한편, 이 부분의 '전생윤회의 비밀'에 대해 나는 많이 설했습니다.

그런데 ≪성서≫에는 전생윤회가 명확히 설해지지 않았으므로 기독교권 사람들은 전생윤회의 가르침을 설한다고 듣기만 해도 '이단이다. 그것을 믿어서는 안된다'라고 움츠리는 일이 있습니다. 요컨대 '가르침이 부족하기' 때문에 이런 일이 일어나는 것입니다.

하지만 '예수 그리스도 자신이 저 세상에서 이 세상으로 태어나는 구조를 모른다'는 일은 없습니다. 단지 현재까지 전해지는 가르침 속에 전생윤회의 부분이 충분히 남아있지 않았을 뿐입니다.

그런데 현대의 성직자들은 그것에 대해 해석할 수 없기 때문에 전생윤회의 가르침을 설하기만 해도 '이것은 이단이다. 사악한 설이다', '과거에 이단 재판으로 멸망당한 종교와 똑같지 않나'라고 생각해 버립니다.

게다가 기독교는, 이슬람교에 대해서도 '사이비 종교다'라고 생각하고 있을 것입니다.

한편, 행복의 과학에서 '무함마드의 영언'을 수록해 보면, 무함마드는 기독교에 대해 '악마의 가르침이다'라고 말하고 있습니다. (≪무함마드여, 파리는 불타고 있는가? ― 표현의 자유 vs. 이슬람식의 신앙≫, 행복의 과학 출판 간행 참조).

이 정도로 심한 셈이어서, 디스커션^{discussion}이라고 생각하면 그만입니다만 '실제로 칼을 휘둘러서 쓰러뜨려라'라고 말하면 실제로는 큰일 날지도 모르겠습니다.

어쨌든 '논의로서는 여러 가지가 있어도 좋지만, 이것을 받아들일 만큼의 그릇을 만들지 않으면 안된다'라는 것입니다.

'알고 있다'는 것은 한 가지 판단 재료

지금 내 책은 여러 나라의 말로 번역되어서 발간되고 있습니다만, 이것은 중요한 일입니다.

'알고 있다'는 것은 하나의 판단 재료이며 '그런 사고방식이 있는가'라고 생각하기만 해도 딱 멈출 수 있는 경우가 있는 것입니다. 이것을 소중하고 소중하게 여겨 주셨으면 합니다.

행복의 과학 교단으로서는 정말 이익을 도외시하여 28가지 언어로 번역해서 여러 책을 냈습니다만, 실제상 경제 수준이 낮은 나라에서는 돈을 받을 수 있는 상황은 아닙니다. 그 때문에 실제로는 교과서의 무상배포와 가까운 상태가 되고 있습니다.

하지만 내 책에는 '그런 일이 있는가!'라는 식으로 '처음으로 알게 되는 사실'이 많이 있으므로 역시 계몽은 필요합니다.

지금 서로 모르는 사람끼리 서로 싸우는 상황이, 세계의 여러 곳에서 일어나고 있습니다. 우리는 그것을 방치할 수 없습니다.

　물론 행복의 과학 책 속에는, 자기와 직접 관계가 없는 것도 있을 것입니다. 예를 들면 '패션의 비밀'에 대해 쓰인 책이 있어도 (≪패션 센스를 닦는 방법≫, 행복의 과학 출판 간행) '읽고 싶지 않다'라고 하는 사람이 있을 것입니다. 그런데 그것에 의해 구제되는 사람이 있는 것도 사실입니다.

　혹은 '마음의 힘으로 병이 낫는다'라는 내용의 책도 있습니다만(≪병 카르마 리딩≫, 행복의 과학 출판 간행 등), '우리는 병원이니까 그런 것은 절대로 읽고 싶지 않다!'고 하는 사람도 있을지 모르겠습니다.

　하지만 노인복지나 질병 치료를 위해 물을 쓰듯이 세금이 사용되는 셈이며, 여기에는 유물론적인 사고가 상당히 만연되었다는 것의 영향이 나타나고 있다고 생각됩니다.

　그것에 대해 '자기가 병을 만들고 있는 면도 있다'는 것을 앎으로써 자기 자신이 치유해 가는 힘을 기르는 것도 가능해지는 것입니다.

　이것은 대단히 중요한 생각일 것입니다. 앞으로 초고령화 사회에 들어가게 되더라도, 침대 위에서 구제를 기다리는 쪽 사람만이 늘어나는 것 자체는 반드시 좋은 일은 아닙니다.

04
자기 안에 잠자는
자비의 힘에 눈을 떠라

'죽음이란 무엇인가'를 아는 것은 왜 중요한가

그리고 마지막으로 모든 사람에게 공통되는 의문이 있습니다. 이것은 어떤 사람에게도, 어느 나라 사람에게도 들어맞는 것이며, 본 장의 주제인 '자비'와도 관계되는 것입니다.

그 의문이란 '죽음이란 무엇인가'라는 것입니다.

100살을 넘어서 사는 사람도 있습니다만, 아무리 분발해 봤자 아무도 죽음을 맞이하는 데에서부터는 벗어날 수 없습니다. '160세까지 살겠다'고 했던 마쓰시타 고노스케 씨도 거기까지는 살 수 없었고, 94세로 돌아가셨습니다. 역시 수명을 연장시키는 데에도 한계는 있습니다.

따라서 '죽음이란 무엇인가', 즉, '이 세상을 떠난다는 것은 어떤 일인가'를 알아두는 것은 대단히 중요합니다. 왜냐하면 이것을 빨리 알아두는 것이 '남은 인생을 어떻게 살 것인가'와 크게 관계되기 때문입니다.

그런데 대다수의 사람들은 이 세상을 떠날 때, 자기 가족이나 직장, 친구, 아는 사람 이외의 세계를 모릅니다. 그 때문에 '이러한 세계에 머무르고 싶다'고 생각하지만, 이것이 다양한 고민이나 괴로움을 낳는 것입니다.

역시 영적 세계에 관한 지식을 전혀 갖지 못한 사람이 죽을 경우, 가족의 주변에 있을 수밖에 없으므로, 집안을 배회하거나 합니다. 혹은, 친구한테로 가거나, 할아버지나 할머니한테로 가거나, 회사의 동료가 있는 곳에 가거나 하는 것입니다만, 이 주변을 몇 년이나 몇십 년이나 빙글빙글 돌아다니고 있는 것입니다.

프로의 종교가에게 요구되는 '구제의 힘'이란

물론 법요를 할 때 승려가 진리를 알고 있으면 문제가 없을 것입니다. 세상을 떠난 본인에게, 혹은 가족, 친족에게 제대로 사후의 세계에 대해 설명할 수 있고, 마지막 인도를 할 수 있다면 구제될 수는 있습니다. 하지만 지금의 승려로서는 그만큼의 힘이 없습니다.

예를 들면 동일본 대지진 뒤에 동북 지방에서 승려들이 '승려 카페' 등을 여러 가지로 열면서 커피를 무료로 주거나 했었습니다. 그것은 친절해서 좋은 일이고, 조금은 마음의 위로가 된다고는 생각합니다.

다만 '승려라면 승려답게 제대로 저 세상의 이야기를 하라!', '저 세상의 이야기에서부터 도망치는 승려는 안된다!'라고 나는 생각하는 바입니다.

저 세상의 이야기에서부터 도망쳐서 이 세상의 이야기만으로 끝마치는 면은 불교에도 기독교에도 있을지 모르겠습니다. 하지만 '도망치는 사람은 프로페셔널로서는 안된다. 제대로 맞서라! 인간은 죽으면 어떻게 되는가, 하느님, 부처님은 도대체 무엇을 하고 있는가라는 질문에 대답할 수 없다면 프로로서는 실격이다'라고 말하지 않으면 안될 것입니다. 역시 이런 것을 제대로 가르쳐야만 한다고 생각합니다.

딱하지만 '죽어서 저 세상이 있는지 없는지 모르겠다', '죽어서 혼이 있는지 없는지 모르겠다', '무엇을 위해 법요를 하는지 모르겠다', '절의 존속을 위해서만 하고 있다'라는 것은 사도邪道이며 진실한 종교가 아닙니다.

이런 일은 많이 있다고 생각합니다만, 그래서는 안됩니다. 진정한 의미에서 사람을 구할 수 없으면 종교라고 할 수 없습니다.

그 가르침을 듣고, 사후에 헤매는 사람들이 다시 일어서서 돌아가야 할 곳으로 돌아갈 수 없었다면 그것은 역시 진짜가 아닙니다.

그리고 돌아가야 할 곳으로 곧바로 돌아가게 해주기 위해서는, 먼저 이 세상에 살고 있는 동안에 진리를 이해하게 만드는 것이 중요합니다.

만일 그것을 못한다면 지금 살아 있는 사람들, 즉, 세상을 떠난 분의 가족이나 친족, 친구, 그 밖의 많은 분들이 이해하도록 해주고, 간접적인 형태라도 좋으므로 그것을 생각으로서 전해야 할 것입니다. 그것이 무엇보다 좋은 공양이요, 법요인 것입니다.

역시 진리를 모르는 채 유물론적으로 살거나, 혹은 쾌락설에만 근거해서 살았던 사람이 '한 번의 홍수', '한 번의 해일'로 한순간에 목숨을 잃을 경우, 자기는 어떻게 되었는지, 어디에 있는지, 무엇을 하면 좋은지, 주변 사람들이 무엇을 하고 있는지, 전혀 알수 없게 되어 버립니다.

예를 들면, 내 강연회 회장에, 여러분의 세상을 떠난 친족이 영으로서 와서, 공중에서 보고 있었다고 해도, 대개 '이것은 뭔가? 결혼식 같은 것일까'라는 식으로밖에 보이지 않는 것입니다.

하지만 그런 것이어서는 안됩니다. 이것은 인간이 가진 존엄,

혼의 존엄에 관계되는 일입니다.

역시 자기 자신이 누구이며, 어떻게 살아야 하는지를 알고 있다는 것, 게다가 산 다음에 어떻게 해야 하는지를 알고 있다는 것은, 인간이 인간이기 위한 조건 중의 하나일 것입니다. 그것은 인간답게 살기 위한 조건 중의 하나입니다.

지옥의 아수라계나 축생도에 떨어지지 않으려면

또 본 장의 주제인 '자비의 힘'이란 '자애의 힘', '사람을 자애롭게 여길 수 있는 힘'입니다만, 저 세상에서도 이러한 힘을 가지고 있는 것이 정말 중요합니다.

저 세상에는 여러 가지 세계가 있어서, 그 가운데에는 지옥이라고 불리는 세계가 있기 때문입니다. 예를 들면 아수라계라고 하는 투쟁과 파괴, 전쟁의 세계도 있습니다. 혹은 동물계나 축생도라고 해서 인간임에도 불구하고 동물과 같은 삶을 살고, 동물의 모습으로 변해버린 사람들이 사는 세계도 있습니다.

이러한 아수라계나 축생도에 가지 않으려면 '자비의 마음'을 갖는 것이 필요합니다. '자비의 마음'을 가진 사람은 그러한 세계에는 가지 않습니다.

비유해서 말한다면, 투쟁과 파괴의 세계, 혹은 동물의 세계라는 것은 '서로 잡아먹는' 세계입니다. 그것은 서로 상대를 잡아먹고, 사냥감으로서 먹는 세계, 언제나 목숨이 위협당하여 죽음을 두려워하면서 살고 있는 세계, 상대를 먹는 것밖에 생각하지 않는 세계라는 것입니다.

그렇기 때문에 그러한 세계에 가지 않으려면 '자비의 마음'이 중요합니다. 왜냐하면 자비란 사람들이 가지고 있는 슬픔을 받아들이고 이해하여 '어떻게든 편안하게 해드리고 싶다'라고 생각하는 마음이기 때문입니다.

즉, '자비의 마음'을 가질 수 있으면 인간으로서 '출발선보다도 위로 올라갔다'는 것을 의미합니다. 반대로 자비의 마음을 이해하지 못했다면 약육강식의 동물 세계, 혹은 지금 사막 지대에서 벌어지고 있는 것과 같은 '매일 같이 살인의 연속'이라는 세계와 같아질 것입니다. 그것은 아수라계 자체라고 생각합니다만 '자비의 마음'을 이해하지 못한다면 사후에 이러한 세계로 돌아가는 것입니다.

덧붙여 말하면, 이슬람 관계의 나라에서부터 일본에 와 있던 11살 소녀가 오모테산도表参道(도쿄의 번화가)에서 인터뷰 당시 말했던 모습을 텔레비전으로 보았습니다만, 인터뷰 하는 동안에도 상공을 몇 번이나 올려다보는 모습이 인상적이었습니다. 아무래도 '군용 드론(무인항공기)이 날고 있는 것이 아닐까'라고 확인하고 있었던 것 같아서 '인터뷰를 하는 동안에도 공중에서 공격해 오는 것이 아닐까'라고 생각해서 무서워하고 있는 것이었습니다.

그녀는 '할머니와 밭일을 하고 있었을 때 미사일이 터졌다'라고 말하고 있었습니다. 또 경우에 따라서는 신부행렬 중에 미사일이 떨어지는 일도 있는 것 같습니다.

역시 그러한 세계에 살고 있으면 공포로 가득할 것입니다. 만일 거기서 죽었다면 대개의 경우, 아수라계로 가게 됩니다. 요컨대 그 이외의 세계를 알지 못하기 때문에 공포가 지배하는 세계로 가는 것입니다.

하지만 사후에 공포가 지배하는 세계나 약육강식의 세계에 간다면 인간으로서 충분하지 않습니다.

이 세상에 경쟁의 세계가 있는 것은 어째서인가

확실히 이 세상에는 경쟁의 세계가 있습니다. 경쟁의 세계는 보기에 따라서는 약육강식의 세계처럼 보일 것입니다.

하지만 인간이 인간인 것은 단지 '다른 자나 다른 회사 등, 이러한 것을 쓰러뜨려서 자기의 조직만이 장수하여 편해지면 된다.

이익을 올리면 된다'라는 것만은 아니기 때문입니다. 그러한 점에서 동물의 세계와 같지 않습니다.

만일 다른 회사가 발전하고 있어도 '자기도 더 좋은 것을 만들어서 세상을 위해 최선을 다하자'라는 마음을 갖는 것이 중요합니다. '다른 것을 쓰러뜨려서 그 매출을 전부 빼앗아 버리자'라는 사고방식을 가지고 있으면, 회사 자체가 동물의 세계와 같은 약육강식의 세계가 되어 버립니다.

따라서 '자비의 마음'을 가지지 않으면 안됩니다. 그것이 서로 살리는 세계, 함께 살리는 세계입니다.

예를 들면 개인의 경우에도 수험 경쟁 등이 있으면 자기보다도 공부를 잘하는 사람을 원망하거나 시기하거나 하는 일이 있을지도 모르겠습니다. 혹은 공부를 잘하는 사람은 공부를 못하는 사람들을 경멸하거나 짓밟고 떨어뜨리거나 차별하거나 '바보다'라고 말해 보거나 괴롭히거나 하는 경우도 있을 것입니다. 하지만 그것은 좁고 좁은 마음입니다.

이러한 경쟁만을 위한 경쟁이어서는 안됩니다. 경쟁이라고 보이는 면이 있는 것은 서로 절차탁마切磋琢磨하기 위해서입니다.

역시 나태함 속에 살면서 이 세상에 태어난 의미를 잊어버리고, 자기를 향상시키는 것을 잊었다면 부모님에게도 죄송할 것입니다.

오히려 '부모님이 모처럼 낳아 주셨으니까 부모님이 못했던 몫까지 확실히 공부를 해서 좋은 일을 하고 싶다. 세상을 위해 최선을 다하고, 어려움을 겪는 사람들을 도와줄 수 있는 훌륭한 인간이 되고 싶다'라고 소망해 주십시오. 그것을 위해 절차탁마하여 서로가 조금이라도·여러 가지 것을 배우고 힘을 기릅시다.

나아가서는 경제력을 만드는 것도 중요합니다. 경제력은 물론 자기가 여러 가지 길을 열기 위한 도움이 되기도 합니다. 그와 같이 자기 자신을 구할 수도 있습니다만, 큰 경제력이 되면 다른 사람들마저도 도와주는 힘이 반드시 되어 가는 것입니다.

예를 들면 우리는 '센다이 정심관을 기점으로 해서 동북 지방에 사는 많은 사람들의 고뇌나 괴로움을 구해주고 싶다. 그것을 위한 빛의 등대로 삼고 싶다'라고 소망했습니다. 이것을 세우기 위해 십 몇억 엔이라고 하는 돈이 들었습니다만, 그만큼의 보시가 모인다는 것은 전국에서 수많은 기진이 있었다는 것입니다.

그 기진을 허비하고 싶지는 않습니다. 그 자금의 힘을 많은 사람들을 도와주기 위한 힘으로 삼고 싶습니다.

올바른 가르침을 한 사람이라도 더 많은 사람에게 전한다

그리고 현재에 우리는 빵을 나누어 주거나 우유를 나누어 주거나 하는 일은 하고 있지 않습니다. 왜냐하면 사람들이 가장 바라는 것은 '올바른 가르침'이기 때문입니다.

'인간이란 무엇입니까', '어디에서 와서 어디로 가는 것입니까', '죽음이란 무엇입니까', '죽으면 어떻게 되는 것입니까', '죽어서 괴로움이 있다면 어떻게 하면 거기에서 구제되는 것입니까', '사후에 훌륭한 모습이 되어 사람들을 이끌 수 있게 되려면 어떻게 하면 좋습니까'.

이러한 근본적인 것에 답해 주는 가르침이 지금 일본에 필요하고 세계에도 필요한 것입니다.

그렇기 때문에 이 교단은 한 단계 더 커질 필요가 있습니다. 역시 세계 사람들에게 손을 내밀 수 있는 데까지 힘을 갖지 않으면 안 됩니다.

우리는 자기들의 이득이나 이익, 명예만을 위해 활동하는 것이 아닙니다.

예를 들면 나는 2014년에 180번 이상의 설법을 했습니다. 나 스스로도 '바보 같은 느낌이 든다'라고 생각할 정도의 숫자입니다. 여러분도 2일에 한 번 설법을 한다면 그 전부를 듣는 것은 힘든 일이 될 것입니다. 나 같아도 그렇게 생각합니다.

하지만 설법을 하는 나 자신도 '1년에 180번이나 하면 죽는 게 아닐까', '만일 일찍 죽게 되면 미안하다'라고 생각하면서 하는 것입니다.

그리고 만일 일찍 죽게 되어서 다 설하지 못한 것이 있을 경우, 나도 '성불하지 못하게' 될 가능성이 있으므로 '말해야 할 것은 되도록 빨리 말해 두고 싶다'라고 생각하고 있습니다.

'불석신명'은 말로만 하는 것이 아닙니다.
한 사람이라도 더 많은 사람에게 법을 알리고 싶다.
한 사람이라도 더 많은 사람에게 가르침을 알리고 싶다.
한 사람이라도 더 많은 사람에게 사랑의 마음을 전하고 싶다.
그 실천 행위야말로 자비의 힘입니다.
여러분 속에서 잠자고 있는 그 '자비의 힘'에 눈을 떠 주십시오.
많은 사람들이 기다리고 있습니다. 그 사랑의 빛이 일본 국내에, 그리고 세계에 도달되기를 마음 속 깊은 곳에서 기도 드립니다.

'테러'와 '혁명'의 차이

　기독교와 이슬람교에서 저질러지는 '십자군 전쟁'은 이젠 됐습니다. 기독교의 성립에도 나는 관여했습니다. 천상계에서부터 분명히 유대의 땅에 내린 예수 그리스도를 지도했습니다.

　또 그 같은 내가, 그 육백 몇십 년 후 사우디아라비아의 땅에서 천상계로부터 무함마드를 지도했던 것입니다. 내가 낳은 종교가 1000년 이상이나 증오를 가지고 계속 싸우고 있는 것은, 눈 뜨고 볼 수가 없습니다.

　그렇다면 어떻게 할 것인가? 그것은 그들에게 공통 이해 기반을 만드는 것, 그리고 그 가르침을 설하는 것입니다. 그것이 다음 목표가 되어도 좋을 것입니다.

　불교에서도 '자비'와 '구제', 그리고 '신앙의 소중함'이 설해졌습니다. 그 사상의 대부분은 동양의 토양이나 문화적인 사고방식의 기초를 만들었을 것입니다.

　'자비'란 자기와 같은 것을 다른 사람 안에서 찾는 '사랑의 마음'입니다. 다른 사람들 속에도 신의 자녀로서의 다이아몬드가 빛나고 있다는 것, 또 부처의 자녀로서 노력에 의한 '깨달음의 길'이 마련되어 있다는 것을 믿는 일입니다.

이것을 설할 수 있는 것은 서양과 동양을 융합할 수 있는 이 일본 땅에서만 가능하다고 나는 생각하고 있습니다.

그러므로 이 나라가 제대로 된 나라가 되고, 이 나라에서 설해진 가르침이 세계 구석구석까지 널리 퍼질 것을 마음속 깊은 곳에서 바라고 있습니다.

또 '자비'와 '사랑'의 종교를 믿으면서도 저질러지는 테러와는 달리 '혁명'이라고 하는 말도 있습니다.

'테러'와 '혁명'은 어떤 면에서는 닮았습니다만, 다른 면에서는 닮지 않은 면이 있습니다. 그 차이는 무엇이겠습니까?

이 세상에서 테러리스트라고 말해지는 사람들의 행동의 대부분은 '복수하는 생각', '분개하는 생각', '노여움의 염' 등에 의해 지배되고 있습니다. 그리고 '리벤지(보복)로서 많은 사람들의 피를 흘리고 싶다'라고 생각하고 있는 것입니다.

다만 이 생각의 밑바탕에는 '신은 희생물을 요구한다'라는 생각이 가로놓여 있다고, 나에게는 느껴집니다.

한편 '혁명'이라고 하는 말도 다의적으로 이해는 되고 있지만, 혁명의 본질은 '자유의 창설'입니다. 그 의미에서 테러와는 전혀 다른 것이라고 나는 생각하고 있습니다.

우리는 '행복의 혁명'을 선언하고 있습니다. 하지만 우리의 혁명은

폭력에 의해 이룩되는 것이 아닙니다. 우리는 평화적 수단을 사용하여 이 세상에 '자유의 창설'을 추구하고 있는 것입니다.

이 점을 부디 이해해 주시기 바랍니다.

— ≪지구를 구하는 정의란 무엇인가≫에서

| 제6장 |

굳게 믿을 수 있는 세계로

당신에게도 세계를 행복으로 바꾸는 '빛'이 있다

01

행복의 혁명에 의해 세계를 바꾼다

가르침의 발상지로서의 책임과 의무

최근을 돌아보고 가장 어려웠던 것은, 2015년 봄의 해피사이언스 유니버시티(HSU)의 개교였습니다. 문부과학성의 판단을 제치고 개학한 셈이기에 '국가 대 종교'의 싸움이 되었습니다.

아마 지금까지 문부과학성이 인가하지 않았는데도 대학을 열었던 곳은 없다고 봅니다. 하지만 행복의 과학 자체가 어느 종류의 공동체가 되어 있고, 전 세계 100개국 이상에서 활동하는 단체이므로 '엘 칸타아레의 인가가 있는 것을 그 위에서 인가할 수 있는 곳은 없다'라고 생각했습니다.

내용으로서는 우리가 믿는 대로 하는 쪽이 좋은 것을 만들 수 있다고 생각합니다. 결코 다른 사람들의 의견을 듣지 않는다는 것은 아닙니다만, '인식이 낮은 사람들'의 의견을 듣고 내용을 열화시키는 것은 학생의 미래를 위태롭게 할 것입니다. 그렇게 생각하고 내용에는 손을 대지 않고 더 좋게 하는 방향으로 나아갔습니다.

이것은 하나의 도전입니다만, 행복의 과학은 '탄압' 정도를 가지고 그리 간단히 무너지는 종교가 아닙니다.

오히려 정부로서는 '국가가 무너진다'는 것을 걱정하시는 편이 좋다고 생각합니다.

하지만 일본국 정부가 무너져도 행복의 과학은 무너지지 않습니다. 비록 일본이 바다 밑바닥에 가라앉더라도 세계 100개국 이상에서 활약하는 동지들이 이 빛을 미래영겁, 내걸 것을 다짐해 주고 있습니다. 따라서 전혀 걱정할 것은 없다고, 나는 생각하고 있는 것입니다.

다만 이 일본이라는 나라는 행복의 과학 가르침의 발상지로서 커다란 책임과 의무를 떠맡고 있다고 생각하고 있습니다. 이 일본이 엘 칸타아레 신앙의 중심지로서 가능한 데까지 힘차게 나아가는 것이 중요하다고 느끼고 있습니다.

한편, 자그마합니다만, 2015년에는 내 저작으로서 마침 2,000권 째가 되는 《정의의 법》(앞에서 서술)을 전 세계에서 발간할 수 있었습니다. 또 불과 얼마 되지는 않지만, 2,400번 이상의 강연과 설법 등을 거듭해 올 수 있었습니다(2016년 11월 현재, 2,500번 이상).

부끄럽게도, 생각은 아직 도달하지 않는 수준입니다. 하지만 뜻은 35년 전의 대오, 30년 전의 입종, 25년 전의 종교법인격의 취득 때부터 조금도 약해지지 않았습니다. 우리는 이 수준으로 납득하고 만족할 수는 없습니다.

내가 최초의 무렵부터 설하는 가르침을 보면 알 것입니다. 그 것은 천지창조에서부터의 가르침입니다. 천지창조에서부터의 가르침을 설할 수 있는 종교가, 일본에 몇 만이나 있는 종교 중의 하나로서 인정을 받는 것만으로 되겠습니까? 그럴 리는 없습니다. 그런 것으로 허용될 까닭이 없습니다.

확실히 행복의 과학은 국내를 바라보면 2차대전 후에 생겨난 종교 중의 하나로서, 어느 정도의 크기에까지 도달했습니다. 아마 일정한 시민권을 얻은 단계라고 간주되고 있습니다.

2016년은 행복의 과학에 있어서 대오 35주년, 입종 30주년에 해당할 뿐만 아니라, 달력에서는 '혁명이 일어나는 해'에 해당합니다(음양오행도에서 말하는, 60년에 한 번인 '병신丙申' 년은 '혁명의 해'라고 말해지고 있다). 그렇다고 한다면 그 혁명은 우리가 일으키지 않고서 대체 누가 일으킨다는 것입니까?

우리는 30년간 조직으로서 축적한 힘을 발휘하여 법륜을 돌리고, 돌리고, 돌리고, 돌려서 국내와 전 세계에 드디어 그 존재를 분명히 밝혀야 할 때가 온 것이 아닐까 생각합니다.

아득한 천상계로부터 주어진 '세계를 바꿀 만큼의 권위'

행복의 과학 가르침을 활자로서 읽기만 하는 사람들은 그 내용을 자기 개인의 것으로서 소화하고 있을지도 모르겠습니다. 하지만 쓰인 것을 그대로 받아들인다면, 유대교도 기독교도 불교도 이슬람교도 일본 신도도 모두 행복의 과학의 흐름 속에 흡수되어 갈 것입니다. 그러한 크나큰 가르침이 되어 있는 것입니다.

그리고 그것이 거짓말인지 정말인지를 드디어 실증해야 할 때가 다가왔다고 봅니다.

우리는 이 운동을 결코 자기들의 권력이나 명예를 위해서 하는 것이 아닙니다. 혹은 많은 사람들로부터 존경받고 싶어서 하는 것도 아닙니다.

우리가 목표로 하는 혁명은, 예전에 자주 있었던 것과 같은 소위 '폭력혁명'이 아니라 '행복의 혁명'입니다. 즉, 많은 사람들을 행복하게 할 수 있어야만 진정으로 세상을 개혁할 수 있고 '세계를 바꿀 수 있다'고 할 수 있는 것입니다.

지금 행복의 과학에서는 여러 장르에 대한 도전이 계속되고 있습니다만, 아직 어느 세계에서도 최종 지점까지는 제대로 도착하지 못했을지도 모르겠습니다.

하지만 드디어 많은 사람들은 알게 될 것입니다. '오늘이라고 하는 날이 어떠한 날인가'하는 것을.

만일 이 일본의 마쿠하리 멧세에서 행하는 강연(본 장)이 누구에 의해 이야기되고, 누구를 향해 이야기되고 있는지를 세계 사람들이 믿는다면, 혹은 알 수 있다면, 로마교황조차도 이미 그 관(冠)을 벗지 않을 수 없을 것입니다. 그런 단계까지 와 있다는 것을 나는 명언해 두고 싶습니다.

우리에게는 아직 세계를 끝까지 바꿀 만큼의 힘은 없을지도 모르겠습니다. 그렇지만 우리에게는 세계를 바꿀 만큼의 권위가 주어져 있습니다. 이 권위는 이 지상을 떠난 아득한 세계에서 주어진 것입니다.

《구약성서》의 '창세기'를 읽으면 '신이 하늘과 땅을 나누셨다'라고 쓰여 있을 것입니다. 그 신의 이름을 '엘'이라고 합니다만, 그것은 '엘 칸타아레'의 '엘'입니다. 일본인의 대부분은 그 내용을 아직 충분히는 이해하지 못했습니다. 하지만 그 크기는 나중이 될수록 확실하게 알게 될 것입니다.

02
굳게 믿을 수 있는 세계를 살려면

천지의 시작에서부터 인류를 이끌어 왔던 사람의 법

나는 2016년의 법 시리즈로서 ≪정의의 법≫을 발간했습니다만, 이 책은 2016년 이후에 일본의 큰 나침반이 되어 이 나라를 이끄는 힘이 될 것입니다.

하지만 달리 ≪정의의 법≫을 설할 수 있는 사람이 지금 세계에 있습니까? 일본의 수상이 설할 수 있습니까? 대법원장관이 설할 수 있습니까? 유엔 사무총장이라면 어떻습니까? 로마교황이라면 설할 수 있습니까? 혹은, 달라이라마라면 어떻습니까? 누가 설할 수 있다는 것입니까?

설할 수 있는 것은 오로지 한 명입니다. 나는 지금 세계에 필요한 것을 설하고 있습니다. 세계에 필요한 것이란 '무엇이 옳은가'

를 사람들에게 가르치는 것입니다.

하지만 이것은 이 세상적인 학문의 집적이나 일의 거듭 쌓음을 통해서 가르쳐 줄 수 있는 것이 아닙니다. 아득한 천상계로부터 몇천 년, 몇만 년, 혹은 그 이상의 긴 세월에 걸쳐서 인류를 이끌었던 존재가 아니면 설할 수 없는 법法입니다. 결코 뽐내고 싶은 것이 아니라 사실이기 때문에 그렇게 말하는 것입니다.

지금 세계에서는 여러 종교가 혼란을 일으키고, 일부에서는 종교전쟁의 양상도 보이고 있습니다. 또 다른 곳에서는 '종교 대 무신론·유물론'의 싸움도 일어나고 있습니다. '무엇이 진실인가'가 지금만큼이나 중요한 때는 없습니다.

물론 나는 분쟁이나 전쟁을 처음부터 긍정하는 사람이 아닙니다. 그렇지만 그러한 분쟁이 '무엇이 옳은가'를 모르기 때문에 일어나고 있는 것이라면, 그것을 가르치는 것이 나의 일이라고 확신하고 있습니다.

만일 천지의 시작에서부터 인류를 이끌어 왔던 존재가 '여러분 인류는 이 문제에 대해 이렇게 생각하라. 미래의 방향은 이쪽에 있다는 것을 알아라'라고 가리켜서 사람들이 그것에 납득할 수 있다면 어떻겠습니까? 그때 지상적이면서 천박한 싸움은 종적을 감추게 될 것이라고 나는 생각하는 바입니다.

지금이야말로 우리는 '깨달음의 힘'의 영적인 의미를 제시하지 않으면 안됩니다. 그것은 이 세상적인 학문이나 연구의 올바름, 혹은 근현대의 원리인 '의심하고, 의심하고, 의심하고, 의심해서 더 이상 의심할 수 없는 것이야말로 진리다'라는 과학이나 저널리즘의 방법론을 극복해 가는 것입니다. 그와 같이 한 단계 더 고차원의 올바름이 있다는 것을 많은·사람들이 알아주는 것이 중요합니다.

그 의미로 본 설법의 내용은, 당일, 본 회장이나 위성중계 회장에 오신 분들만 이해해주시면 되는 것이 아닙니다. 시차는 있어도 해외에서 몇 백 곳, 혹은 그 이상의 회장에 중계되었습니다만, 본래 이 '굳게 믿을 수 있는 세계로'라는 설법은 영어로 해야 할 내용일 것입니다.

하지만 일어로 설한 이상, 일본인 신자에게는 정말, 정말 중요한 일인 것입니다.

모든 사물을 이 세상에서만 완결하여 보아서는 안된다

역시 '정의의 법'을 세울 때에는 '무엇을 위해 정의의 법을 세우는가? 그것을 설하는가'라는 이유가 필요할 것입니다.

지금 '정의의 법'을 설하는 것은 '굳게 믿을 수 있는 세계'를 건

설하기 위해서입니다.

우리에게는 더욱 더 '굳게 믿을 수 있는 세계'를 살아갈 권리가 있습니다. 믿을 수 있는 것이 '눈에 보이는 것', '접하는 것', '자기 육체에 관계되는 것'만이라는 것은 매우 쓸쓸하지 않겠습니까?

또 종교로서의 형태를 취하고 있으면서, 내용에서는 종교 본래의 사명을 잊어버린 것도 많이 있는 셈입니다. 예를 들면 이슬람 계통의 분쟁을 들어보아도, 아마도 극히 어려운 문제가 있을 것입니다.

물론 세계의 다수가 지지하는 것은 선진국의 공폭에 의해 전쟁이 종결되는 것일지도 모르겠습니다. 하지만 그들은 기독교 국가임에도 불구하고 그리스도의 가르침에는 따르지 않았습니다. 이 세상의 인간이 정한 규칙에 준해서 공격하고 있을 뿐입니다.

한편, 공격당하는 쪽은 이슬람교를 믿는 사람들입니다. 알라 신을 향해 기도를 드리는 사람들 위에 폭탄이나 미사일이 떨어지고 있는 것입니다.

이러한 상황 속에서 '신은 어떻게 보고 있는가'라고 생각하는 것은 인간으로서 당연한 일일 것입니다.

다만 그 전제로서 한 가지 말해 두지 않으면 안될 것은 '모든 사물을 이 세상에서만 완결하여 보아서는 안된다'라는 것입니다. 이것은 지금 세계 각지의 종교에 있어서 상실된 가치관이라고 할 수 있습니다.

요컨대 이 세상이 너무 편리해진 것이겠지요. 이 세상이 풍요로워졌기 때문에 기독교라고 해도 유물적인 발명이나 과학, 실용성이 있는 학문이나 직무론 등에 중점을 두고, 신앙은 교회 안에 놓는 셈입니다.

세계의 종교에는 시대성과 지역성의 한계가 있다

한편, 이슬람교에서는 조사祖師인 무함마드 이하, 많은 사람들이 피를 흘리면서 입종한 역사를 덧쓰며, 현재도 원시적인 전투 방식을 되풀이하는 것처럼 생각됩니다.

역시 '대체 무엇을 목적으로 하고 있는가'를 다시 한 번 고쳐 생각하지 않으면 안되는 것이 아니겠습니까?

확실히 모세가 출애굽을 하여 가나안의 땅에 들어갔을 때에도 수많은 싸움이 일어났습니다. 예수가 지금의 이스라엘 땅을 중심으로 활동했을 때에도 많은 피를 흘렸습니다. 로마에서도 또 수많은 싸움이 행하여졌을 것입니다.

그 600년 후에 이슬람교가 탄생한 셈입니다만, 그 때에도 같은 부족끼리 심한 싸움이 일어났습니다. 게다가 새로운 종교가 섰

더니 오래된 신들이 헐렸습니다.

그와 같이 여러 가지 일이 일어났으므로, 지상적인 현상만을 본다면 '종교 따윈 믿지 않는 쪽이 더 행복하다'라고 생각하는 사람이 나오는 것은, 어느 정도 어쩔 수 없을지도 모르겠습니다.

다만 나는 구태여 말씀드리겠습니다.

그것들은 3000년 전이나 2500년 전, 2000년 전, 1400년 전에 설해진 가르침입니다. 신의 목소리를 들을 수 있었던 사람이 있었다는 것은 확실하지만, 그 사람은 어디까지나 자기의 입장에서 신의 목소리를 듣고 있었다는 것을 잊어서는 안됩니다.

역시 어느 나라의, 혹은 어느 부족의 예언자로서, 또는 메시아로서 신의 가르침을 듣고, 자기의 입장에서, 요컨대 자기가 거느리는 국민들의 이익을 위해 그 가르침을 퍼뜨렸던 것입니다. 그와 같이 '시대성'과 '지역성'의 한계가 있었습니다.

그런데 나중에 세계가 커지고 교통이 빈번해져서 통신이 지구 뒤쪽까지 도달하게 되었을 때 오해가 생겼습니다. 사람들은 설마 신이 '자기의 부족이나 국민, 민족만을 위해 가르침을 설했다'라고는 생각하지 않을 것입니다. 하지만 '나만을 신으로 섬겨라', '우리 부족의 신만 신앙하라'라고 했던 말을 '우리 부족, 우리 민족을 인도하는 신만이 진짜다. 나머지 신은 가짜이므로 전부 부정하라'라는 식으로 해석하는 사람이 많은 것입니다.

태국의 미래를 저해하는 악마의 생각

역시 그 가르침이 설해진 '시대성'과 '지역성'을 간과해서는 안 됩니다.

예를 들면 인도에서 석가가 가르침을 설한 것은 2500년에서 2600년이나 옛날의 일이었습니다. 석가는 네팔에서 시작하여 인도의 갠지스 강 중류 지역을 중심으로 전도활동을 했습니다만, 당시로서는 중간 정도 규모의 교단밖에 되지 않았던 것입니다. 요컨대 걸어 갈 수 있는 범위가 전도의 범위였던 셈이어서, 석가는 제자들을 양성해서 여러 곳으로 보내기는 했습니다만, 그 대부분은 어디서 어떻게 되었는가, 혹은 어디에서 목숨을 잃었는지도 알 수 없었습니다. 제자들의 전도는 그런 것이었습니다.

그리고 2000년 이상의 세월이 지난 다음 일본에도 그 가르침의 일부는 전해졌습니다. 하지만 '최초 무렵의 석가의 가르침이 어땠는가'라는 것은 유감스럽게도 빈껍데기와 같아서 확실한 것은 알 수 없을 것입니다.

한편에서는, 원시 석가의 가르침을 충실하게 반영하고 있다고 보이는 소승불교, 혹은 상좌부 불교, 테라바다라고 말해지는 가르침이 스리랑카나 태국 등에서는 지금도 남아 있습니다. 태국은 독립을 지키고 있기 때문에 그 종교양식도 완고하게 지키고 있는 것입니다.

그런데 나는 과거 두 번 강연을 위해 태국에 가려고 했습니다만, 유감스럽게도 두 번 다 갈 수가 없었습니다(2011년 9월 및 2013년 11월에 순석 예정이 있었지만, 태국의 영계 사정 등에 의해 중지되었다. ≪비교 종교학에서 본 '행복의 과학'학學 입문≫, 행복의 과학 출판 간행 참조). 또 태국에서도 내 책이 번역되고 있습니다만, 태국 사람들은 '불타재탄佛陀再誕만은 곤란하다'라고 말하고 있습니다.

요컨대 불교에는 '제행무상', '제법무아', '열반적정'의 세 가지(삼법인)를 기치(깃발)라고 합니다만, 소승불교에서는 세 번째의 '열반적정'에 대해 '불타가 깨달음을 얻었다면 지상적인 속박을 제거하고 열반의 세계, 닙바나로 돌아간다. 그리고 이미 이 세상에는 돌아오지 않는다'라고 설하고 있기 때문입니다. 그 때문에 '불타재탄은 곤란하다'라고 말하는 것입니다.

하지만 나는 태국과 같은 소승불교의 나라인 스리랑카에서 설법을 했을 때, 스리랑카 사람들에게 '불타가 이 세상에 돌아오지 않아서 기뻐하는 것은 도대체 누구입니까'라고 물었습니다.

'불타가 깨달음을 얻으면 두 번 다시 지상에는 돌아오지 않는다. 즉, 지상 사람들을 지도하지 않는다. 그것을 기뻐하는 것은 누구입니까? 악마겠지요. 불타의 가르침을 그렇게 해석한 것은 도대체 누구입니까? 잘 생각해 보십시오'라고 말했습니다.

그러자 강연회에 와 있던 1만 3,000명 가운데 9,000명 이상이 행복의 과학 신자가 되었습니다(≪오오카와 류우호오 스리랑카 순석의 궤적≫, 행복의 과학 출판 간행 참조).

이것은 "'불타가 지상에 돌아와 주지 않았으면 좋겠다'라는 것은 악마의 생각입니다"라고 내가 말했기 때문입니다.

물론 '깨달음을 얻고 속박을 풀어서 자유자재가 된다'라는 것은 불타가 설한 가르침대로일 것입니다. 영적 세계로 돌아가면 육체적 속박에서부터 벗어나 자유자재한 상태가 되는 셈입니다. 그리고 생각이 전부가 되어서 의지가 결정하는 곳에 자기의 행동이 있게 됩니다. 그런 의미에서 '자유자재가 된다'라는 것을 깨달음의 경지로서 불타는 설했던 셈입니다.

그것에 대해 '열반(닙바나)에 들어감으로써 불타가 어딘가 산의 어두운 동굴 속에라도 틀어박혀서 뚜껑을 덮고 가만히 있다'는 식으로라도 생각하는 것입니까? 아주 부끄러운 오해입니다만, 그러한 일이 있을 리가 없습니다. 그러한 것이어서는 지옥의 깊은 구멍 속에 들어간 것과 같은 일입니다.

역시 지상 사람들이 구제를 바라더라도 열반에서부터 나오지 못하고 그들을 구할 수 없다면 '깨달음'이라고는 할 수 없을 것입니다. 그것은 절대로 이상한 셈이어서, 유물론이며 잘못된 종교론이라고 할 수 있습니다.

여기를 돌파하지 않는다면 태국이라는 나라에 미래는 열리지 않을 터입니다.

03
신앙이란 몸과 마음 전부로
받아들여서 감득하는 것

학문에 있어서의 유물론·무신론자들과의 싸움

또 ≪정의의 법≫ 제1장에는 다음과 같은 영화 내용을 들었습
니다.

"기독교 국가인 미국의 대학에서 'God is dead(신은 죽었다)'라
고 써서 사인을 하지 않으면 그 과목을 이수할 수 없다는 일이 있
었다. 즉, 그렇게 하지 않으면 학점을 따서 성적을 올려서 출세
를 목표로 할 수도 없다. 그때 한 명의 기독교인 학생이 교수의
방식에 저항했다. 그 학생은 나는 기독교인이므로 무슨 일이 있
어도 'God is dead'라고는 쓸 수 없습니다"라고 해서 교수와 디베
이트를 하게 되었다(2014년 공개 '신은 죽었는가', 원제 'GOD'S NOT
DEAD').

이것은 영화의 이야기이기는 합니다만, 아마 미국 학문의 현재 상태이기도 할 것입니다.

특히 과학 분야에서는 기독교의 가르침을 근본부터 뒤집어 엎는 일이 많이 일어나고 있는 셈입니다.

예를 들면 우주물리학자 스티븐 호킹 박사는 신을 부정하고 있으며 '신이 우주를 창조했다는 것은 믿을 수 없다'라는 말을 했습니다.

또 리처드 도킨스라고 하는 사람은 '유전자가 혼의 정체다. DNA가 부모로부터 아이, 아이로부터 손자에게 잇달아 옮겨간다. 이 DNA의 전이轉移야말로 혼의 전생윤회 그 자체다'라는 말을 했습니다.

너무나도 어리석은 소리여서 말도 안됩니다만, 대학에서는 이것을 믿고 이대로 답안을 쓰지 않으면 우수한 성적으로는 졸업할 수 없고, 좋은 곳에도 취직할 수 없는 것입니다.

비록 기독교인이어도 주류는 그렇게 되어 오고 있고, 그 때문에 여기저기서 싸움이 일어나고 있는 것입니다.

요컨대 '각자가 교회나 가정에서 믿는 것은 괜찮습니다. 다만 여기는 대학이므로 그러한 신앙 등, 증명할 수 없는 것은 가져오지 말아 주세요'라는 것입니다. 불가지론, 혹은 무신론을 가르치기 위해 맨 처음에 사인을 하게 만들거나 하는 셈입니다.

결국 많은 현대 철학자들이 무신론자이기 때문에 그 내용을 수업에서 가르치기 위해서는 신을 부정하지 않으면 안되고, 그래서 사인을 하게 만들거나 하는 것이라고 생각됩니다.

하지만 그렇게까지 해서 A학점의 성적을 얻음으로써 좋은 진학을 할 수 있고, 좋은 취직을 할 수 있고, 좋은 결혼을 할 수 있고, 좋은 가정을 가질 수 있어 봐야, 최종적으로 행복해질 수 있겠습니까? 혹은 진리에 반대되어 살면서 정말로 행복하다고 할 수 있겠습니까? 신을 부정하는 데까지 오만해졌으면서 그 생활이, 그 과학이, 그 학문이, 존경해야 할 훌륭한 것일 리가 없습니다.

비록 그 대학이 세계 일류의 '명문'이라고 말해지는 대학이었다고 해도 잘못된 것은 잘못되었습니다. 거짓말은 거짓말입니다. 가르쳐서는 안되는 한계가 있다는 것을 나는 말하는 것입니다.

모든 것은 신불의 큰 손바닥 위에 있다

이것은 '신앙'이 뒤지고 있고 '학문'이 진보했기 때문에 일어나는 현상은 아닙니다. 학문이란 두뇌의 일부를 움직여서 생각하는 것과 같은 것입니다만, 신앙이란 몸과 마음 전부로 받아들여서 감득하는 것입니다. 몸이, 혼이, 모든 영靈이 이것을 받아들여서 감득하는 것이 신앙입니다.

그렇기 때문에 신앙은 고귀한 것입니다. 신앙이 학문을 그 일부로서 포함하는 일은 있어도, 학문 안에 작게 존재하는 것이 아니라는 것을 알아주십시오.

'여러 학문 가운데에 있는 종교학이라고 하는 작은 분야가 취급하는 실천활동이 종교다'라고 생각하고 있다면 큰 잘못입니다.

모든 것은 신이나 부처의 큰 손바닥 위에서 움직이고 있음에 지나지 않습니다.

신앙이란 이 지구도, 태양계도, 은하계 우주도, 그리고 그것을 초월한 아득한 셀 수도 없는 은하도, 거기서 영고성쇠를 되풀이하는 많은 문명이나, 그 속에서 살고 있는 모든 것, 나아가서는 그들이 만들어 낸 것이나 생각한 것의 그 모든 것을 포함하는 것입니다.

아마 이것은 영적 세계의 증명보다도 더욱 어려운 내용을 포함하고 있을 것입니다.

또 행복의 과학에서는 여러 가지 형태로 우주인의 영언이나 '우주인 리딩'을 하여 공개하고 있습니다(≪우주의 법 입문≫, ≪우주인 리딩≫, 모두 행복의 과학 출판 간행 등 참조). 때로는 아주 오랜 옛날, 몇억 년이나 전의 사건으로서, 그 우주인이 지구에 오기 이

전의 이야기가 나오는 경우도 있어서, 좀처럼 이해하기 힘든 부분에 대해서는 교단 내부용으로 경전이나 영상을 공개하고 있는 셈입니다.

다만 이것들은 이윽고 미래사회에 우주를 배우기 위한 최초의 교과서가 될 것입니다. 지금과 같이 일부러 로켓을 날리지 않으면 알 수 없는 수준이어서는 이 대우주의 신비를 해명하기는 극히 곤란하기에, 우주 창세로 거슬러 올라가서 가르치고 있는 것입니다.

확실히 이 내용이 정말인지 아닌지 그 일부를 해명하는 데에도 50년에서 100년은 걸릴지도 모르겠습니다. 아마 전체적으로 해명할 수 있기 위해서는 1000년 이상의 세월이 필요해질 것입니다. 즉, 그러한 1000년 이상 미래의 사람들을 위해서도 남겨야 할 법을 나는 지금 설하고 있는 것입니다.

물론 현대 사람들이 다 이해할 수 없는 곳도 있다고는 생각합니다. 그렇지만 거기를 제외한 부분에는 이해할 수 있고 공명할 수 있는 것이 있을 터입니다. 그렇다면 동일하게 현대 사람들에게는 이해가 되지 않는 것이어도, 후세 사람들에게는 아주 중요한 내용이 포함되어 있는 것이라고 알아주십시오.

그리고 후세 사람들을 위해 그것을 소중하고 소중하게 전해 갈 것을 마음속에서 강하게 바라면 좋겠습니다.

04
끝까지 믿는다고 하는
최종점을 지향하라

지금 인류를 이끄는 신이 살아 있다

지금 세계를 바라보고 행복의 과학만큼이나 액티브(활동적)한 종교는 볼 수 없습니다. 또 액티브할뿐만 아니라 그 내용에 있어서 ≪성서≫의 '창세기'도, 고대 메소포타미아의 종교도 넘었습니다. 게다가 불교의 아주 오랜 옛날의 우화나, 고대 이집트의 종교, 그리스 신화도 초월해서, 더욱 더 오래된 기원起源에서부터 아득한 인류의 미래까지를 가리키고 있습니다.

따라서 우리의 나침반은 눈앞의 것만을 향하는 작은 것이 아닙니다.

물론 문명의 진보에 대해서도 고마운 일이라고는 생각하고 있습니다. 일본의 땅에서부터 전 세계에 내 설법을 방영할 수 있기 때문입니다.

그렇다고 한다면 모세나 불타, 예수, 무함마드 때 이상의 기적을 지금 일으키지 않으면 안되는 것이 아니겠습니까?

내가 깨달음을 얻은 지 35년이 됩니다만, 그동안 나는 크고 작은 다양한 주제를 섞으면서 법을 설해 왔습니다. 그리고 여러분도 슬슬 본래의 사명에 착수하지 않으면 안될 지점에 도달한 것입니다.

이미 자기 한 사람의 작은 신앙으로 그쳐서는 안됩니다. 자기들의 작은 조직의 범위 내에서 활동하고 있으면 되는 단계는 끝났습니다. 이제부터는 세계를 짊어질 생각으로 활동해 주십시오.

그것을 위해 중요한 것이 본 장의 주제에 있는 것처럼 이 세계를 '믿을 수 없는 세계'에서부터 '굳게 믿을 수 있는 세계'로 전환해 가는 것입니다.

하지만 현대 의학에 묻는다면 종교의 대부분은 '믿을 수 없는 세계' 쪽에 들어갑니다. 의학적으로 보면 '병은 낫지 않는다. 인간은 모두 죽고, 병들고, 기적 따위는 일어나지 않는다'. 이것이 의학 텍스트에서는 상식에 속합니다.

그런데 그러한 상식 속에서 행복의 과학을 둘러싼 환경에서는 수많은 기적이 현재도 계속 일어나고 있습니다.

예를 들면 강연회장에서 내 설법을 듣는 사람에게도 '불치병이나 기병, 죽음에 이르는 병이 낫는다'라는 기적이 일어나고 있습니다. 또, 같은 것은 위성중계 회장에서도 일어나고 있는 것입니다.

게다가 '행복의 과학 강연회 광고지를 받기만 했는데 신체에 변화가 일어났다'라든지 '행복의 과학 영화를 본 것만으로도 기적이 일어났다'라는 보고마저도 있습니다.

지금 얼마만큼이나 큰 힘이 그 배경에서 작용하고 있는지를 알아주십시오. 정말로 'God is dead'가 아니라 'God is alive'인 것입니다. 신은 살아 있습니다. 지금 일하고 있는 것입니다. 지금 여러분 앞에 나타나서 여러분을 인도하고 있습니다.

여러분 앞에 선 것은 인간의 모습을 가진 '오오카와 류우호오'입니다만, 이것은 신의 한 가지 측면이라는 것을 부디 잊지 마시기 바랍니다.

가장 고귀한 사랑은 '진리를 전한다'는 사랑

나는 비록 이 몸에 어떠한 탄압이 임하더라도 '진리는 진리', '선善은 선', '옳은 것은 옳다'라는 그 신념을 결코 구부리는 일 없이, 결코 굴복할 생각은 없습니다.

상식이 틀렸다면 그 상식을 때려 부술 때까지 하겠습니다.

그러면 그것을 언제 합니까? 올해입니까? 내년입니까? 5년 후입니까? 10년 후입니까? 죽은 다음의 일입니까?

그런 것을 생각하고 있을 때가 아닙니다. 여러분 한 사람 한 사람이 마음속에 불을 켤 필요가 있습니다. 불을 켜서 어두운 밤을 밝히고 나아가는 사명이 있습니다.

여러분 한 사람 한 사람에게 빛이 주어져 있는 것입니다.

나한테서 받은 빛은 여러분에게 반드시 점화되고 있는 것입니다.

그 횃불을 의지하여, 어두운 밤 속을 오로지 행진해 주십시오. 전 세계의 어두운 밤을 끝까지 다 비출 때까지 여러분의 일에 끝은 오지 않습니다.

이날 이때 이 밤에 들은 말을 부디 잊지 마십시오.

나는 잠시 여러분과 함께 이 지상에 있고, 이 지상을 비추며 법륜을 돌리려고 하는 사람입니다만, 내가 설하는 법은 500년이 지나도, 1000년이 지나도, 2000년이 지나도, 3000년이 지나도, 멸해서는 안될 '영원의 법'인 것입니다.

부디 이 '영원의 법'을 들은 사람으로서 그 긍지를 가슴에 새기고, 나날의 생활을 개척해 가기를 바랍니다.

그리고 여러분이 이해한 진리를, 부디 주변에 있는 사람들에게, 손이 닿는 사람들에게, 목소리를 전할 수 있는 사람들에게 전해 주십시오.

끝까지 전해 주십시오. 그것이 '사랑'인 것입니다.

사람들에 대한 사랑으로서 가장 고귀한 것은 '진리를 전한다'는 사랑입니다. 진리를 전하는 것이 가장 고귀한 사랑인 것입니다.

확실히 세계에는 굶주린 사람이 있습니다. 병으로 괴로워하는 사람도 있거니와, 다양한 형태로 고생을 하는 사람도 있습니다.

그렇지만 그러한 고생이나 고난, 역경이 있기 때문에 신이 없다는 것은 아닙니다. 그러한 고난 속을 많은 사람들이 살고 있기 때문에 신은 필요한 것입니다.

그리고 신은 실재합니다.

부디 다시 한 번 초심으로 돌아가서 믿는 데에서부터 시작해 주십시오.

출발점은 '믿는' 일입니다.

그리고 최종점은 '끝까지 믿는다'는 것입니다.

믿는 데에서부터 시작하여 끝까지 믿는 곳이 여러분의 최종점이 됩니다.

'끝까지 믿었다'란 이 세상에서 어떤 일이 되겠습니까? 그것을 여러분의 생각으로, 말로, 행동으로 나타내 주십시오.
이것이 본 장에서 여러분에게 던지는 질문입니다.

벽을 부수었을 때 모든 것이 빛이 된다

신의 정의를 수립하여 진정한 종교 건국을 할 때까지
우리의 싸움은 끝나지 않습니다.
21세기를 이끄는 젊은이들이여.
부디 우리의 뒤를 이어 주십시오!
여러분에게 기대하고 있겠습니다.
이제 곧 벽은 허물어집니다.

산을 뚫을 때 터널 공사는 필요합니다.
터널 공사를 하고 있을 때
그 터널을 파는 사람들은 자기들의 일이
가치를 낳고 있는지 아닌지는 알 수 없습니다.
쓸데없는 일을 하는 것처럼도 보입니다.
하지만 산을 뚫고 터널이 개통했을 때에는
그 때까지의 쓸데없다고 생각되었던 노력이
전부 '빛'이 되는 것입니다.

- ≪지구를 구하는 정의란 무엇인가≫에서

마음의 시대를 꿋꿋하게 살기 위한 '기적의 법',

그것이 ≪전도의 법≫이다.

이 법은 '지혜'에 뒷받침되면서도

'자비'에 가득 차 있다.

눈이 보이는 사람들을 향해

'여러분에게는 진실한 세계가 보이지 않았다'

라고 전하는 어려움이여.

계속 의심함으로써

진실에 도달할 수 있다고 생각하는 사람들에게

'뛰어 넘어라'

라고 한마디 말하는 어려움이여.

과학적으로 증명할 수 있는 것만이

학문적으로 정통이라고 생각하는 사람들에게

'이데아의 세계', '신앙의 세계'를

말하는 어려움이여.

자기가 구세주임을

말하여 전하는 이 어려움이여.

2016년 12월

행복의 과학 그룹 창시자 겸 총재 오오카와 류우호오

본서는 아래의 설법을 정리하고 가필한 것입니다

≪전도의 법≫ 오오카와 류우호오 저작 관련 서적

≪태양의 법≫ (행복의 과학 출판 간행)

≪지혜의 법≫ (위와 같음)

≪정의의 법≫ (위와 같음)

≪교육의 사명≫ (위와 같음)

≪미美의 전도사의 사명≫ (위와 같음)

≪현대의 정의론≫ (위와 같음)

≪종교사회학 개론≫ (위와 같음)

≪패션 센스를 닦는 법≫ (위와 같음)

≪병, 카르마 리딩≫ (위와 같음)

≪일본 건국의 원점≫ (위와 같음)

≪지구를 구하는 정의란 무엇인가≫ (위와 같음)

≪비교 종교학에서 본 '행복의 과학'학 입문≫ (위와 같음)

≪오오카와 류우호오 스리랑카 순석의 궤적≫ (위와 같음)

≪엑소시스트 입문≫ (위와 같음)

≪수호령 인터뷰 도널드 트럼프 미국 부활을 향한 전략≫ (위와 같음)

≪최대 행복사회의 실현 - 아마테라스오미카미의 긴급 신시神示 -≫
  (위와 같음)

≪북한의 김정은은 왜 '수폭실험'을 했는가≫ (위와 같음)

≪긴급 수호령 인터뷰 대만 새 총통 차이잉원의 미래전략≫ (위와 같음)

≪무함마드여, 파리는 불타고 있는가? - 표현의 자유 vs 이슬람식의
  신앙 -≫ (위와 같음)

≪'우주의 법' 입문≫ (위와 같음)

≪우주인 리딩≫ (위와 같음)

≪자민당 제군에게 고하는 후쿠다 다케오의 영언≫ (HS정경숙 간행)

≪세계 황제를 꿈꾸는 남자 -시진핑의 본심에 다가가다-≫ (행복실현당 간행)

≪중국과 시진핑에게 미래는 있는가≫ (위와 같음)

≪오오카와 류우호오 명언집 '창조적'인 모습이 되고 싶은 '당신'에게 보내는 123의 금언≫ (오오카와 마시키 저, 행복의 과학 출판 간행)

※ 다음의 서적은 서점에서는 판매하지 않습니다.

가까운 정사, 지부, 거점에 문의해 주십시오.

≪깨우친 자가 되려면≫ (종교법인 행복의 과학 간행)

≪전도의 마음≫ (위와 같음)

≪사제의 길, 마음의 지침 제2집≫ (위와 같음)

행복의 과학은 현대인의 고민과 문제를 풀어줄 수 있는 현대인의 종교이다. 몇천 년 전에 설해졌던 종교는 시대의 변천과 더불어 퇴색되어 가기 때문에 새로운 종교가 출현하여 새로운 가르침과 새로운 문명을 만들어 가는 것이다.

행복의 과학의 기본 가르침은 '올바른 마음의 탐구'로서 현대의 사정도 四正道인 '사랑・지・반성・발전'의 실천을 통해 사람들에게 행복을 전하고, 전 세계를 유토피아화 할 것을 지향한다.

행복의 과학에서는 매주 다양한 세미나를 개최하고 있으며 누구나 참가 가능하다.

(참가문의는 행복의 과학 02-3478-8777, 월요일 휴관)

1. 명상 세미나(발전, 번영 명상 / 치유의 명상 / 태양의 명상 / 우주즉아의 명상 / 달의 명상 등)
2. 원만한 인간관계 세미나
3. 성공철학 세미나
4. 마음의 법칙과 건강 세미나
5. 깨달음, 사후의 세계
6. 행복의 과학 영화 상영회

이 책에 대한 문의는 다음 연락처로 해주십시오.
행복의 과학 서울 지부 정사
주소 : 서울시 동작구 사당로 27길 74(사당 3동)
전화 : 02-3478-8777 팩스 : 02-3478-9777
행복의 과학 공식 홈페이지 : http://happy-science.jp/
태양의 시대 블로그 : blog.naver.com/dhihsp11

행복의 과학 번역 서적 안내

법 시리즈

★≪태양의 법≫ 지구의 창세기와 문명, 그리고 미래 3천 년의 문명 - 엘 칸타아레의 길

★≪황금의 법≫ 위인들의 전생윤회와 인류의 역사 - 엘 칸타아레의 역사관

★≪영원의 법≫ 영적인 세계의 차원구조와 의미 - 엘 칸타아레의 세계관

★≪행복의 법≫ 인간을 행복하게 하는 4가지 원리

★≪성공의 법≫ 진정한 엘리트를 향한 길

★≪용기의 법≫ 인간에게 실패와 좌절은 어떤 의미가 있는 것인가?

★≪미래의 법≫ 당신의 마음 속에 잠재된 무한한 힘으로 미래를 열어가라

★≪인내의 법≫ 인내는 성공으로 인도하는 최대의 무기

★≪지혜의 법≫ 당신의 인생을 극적으로 바꿀 수 있는 현대의 깨달음

★≪정의의 법≫ 증오를 넘어서 사랑을 베풀어라

자기 계발 및 인생론 시리즈

★≪스트레스 프리 행복론≫ 일이나 가정, 인간관계에서 행복해지는 길

★≪영원한 생명의 세계≫ 사람은 죽으면 어떻게 되는가?

★≪석가의 본심≫ 되살아나는 불타의 깨달음

★≪아임파인≫ 산뜻하고 자신 있게 사는 방법

★≪하우 어바웃 유≫ 자연스런 자신의 모습으로 산뜻하게 살아가는 7개의 스텝

★≪불황을 완벽하게 타개하는 법칙≫ 불황에서 이기는 방법

★≪진실에 대한 깨달음≫ 참된 진리를 알 수 있는 입문서

★≪더 힐링파워≫ 영적인 시점에서 해명하는 마음과 병의 메커니즘

영언 시리즈

★≪러시아 신임대통령 푸틴과 제국의 미래≫

★≪북한 종말의 시작 영적 진실의 충격≫

★≪세계 황제를 노리는 남자 시진핑의 본심에 다가서다≫

★≪한국 이명박 대통령의 영적 메시지≫

★≪북한과의 충돌을 예견한다≫

★≪김정은의 본심에 다가서다≫

★≪월트 디즈니 감동을 주는 마법의 비밀≫

전도의 법

2017년 6월 20일 제1판 1쇄 발행

지은이 / 오오카와 류우호오
펴낸이 / 강선희
펴낸곳 / 가림출판사

등록 / 1992. 10. 6. 제 4-191호
주소 / 서울시 광진구 능동로 334(중곡동) 경남빌딩 5층
대표전화 / 02)458-6451 팩스 / 02)458-6450
홈페이지 / www.galim.co.kr
전자우편 / galim@galim.co.kr

값 17,000원

ⓒ 오오카와 류우호오, 2017

저자와의 협의하에 인지를 생략합니다.

불법복사는 지적재산을 훔치는 범죄행위입니다.
저작권법 제97조의5(권리의 침해죄)에 따라 위반자는 5년 이하의 징역
또는 5천만원 이하의 벌금에 처하거나 이를 병과할 수 있습니다.

ISBN 978-89-7895-400-6 13320

이 도서의 국립중앙도서관 출판예정도서목록(CIP)은 서지정보유통지원
시스템 홈페이지(http://seoji.nl.go.kr)와 국가자료공동목록시스템(http://
www.nl.go.kr/kolisnet)에서 이용하실 수 있습니다.(CIP제어번호:
CIP2017012875)